TARIF

 DE

LA DOANNE
DE LYON,
POVR LE ROY.

A VALENCE,

Chez CHARLES BARBIER, Imprimeur & Libraire
ordinaire du Roy, de Monseigneur l'Evêque de
Valence, & Die.

M. DC. LXXXIV.

AVEC PERMISSION.

TARIF

DE
LA DOANNE
DE LYON,
POVR LE ROY.

STAT des danrées & marchandifes, drogueries & efpiceries, fur lefquelles le Roy veut
& entend les droicts de Doanne être pris &
levez dans fa Ville de Lyon, & Fauxbourgs
d'icelle : tant pour les cinq pour cent fur
tous draps & étoffes, matieres d'or & d'argent, de foye,
& autres marchandifes étrangeres : quatre , & deux &
demy pour cent fur toutes fortes de drogueries & efpiceries : & deux & demy pour cent des marchandifes origi-
naires du Royaume : enfemble les droicts de reapreciation
que fa Majefté par fes Lettres patentes du quatorziéme jour d'Août mil fix cens trente-deux , a ordonné
être pareillement pris & levez fur toutes lefdites marchan-

A 2   difes,

4

difes , drogueries & efpiceries , tous privileges ceffans
pour ce regard , fans neanmoins que le Fermier du tiers-
fur-taux de ladite Doanne , puiffe pretendre autres plus
grands droiéts, que ceux qu'il leve à prefent fur le pied
des anciennes taxes. Et fera le prefent état gardé & ob-
fervé dans les Provinces de Languedoc , Provence &
Dauphiné , comme en ladite Ville de Lyon , pour les
marchandifes , drogueries & efpiceries , fubjeétes à cinq,
quatre , & deux & demy pour cent: même fur les drogueries & efpiceries , qui entrent dans lefdites Provinces,
venans de la mer du Ponant.

Espiceries & Drogueries.

A

A Garic, le quintal cy-devant taxé, dix-sept sols six deniers. ℒ — ß 17 ʒ 6
 Et pour la nouvelle reapreciation, dix sols. ————— ℒ — ß 10 ʒ —
 Pour les quatre pour cent cy-devant taxez, vingt sols. ℒ 1 ß — ʒ —
 Et pour la nouvelle reapreciation, vingt-cinq sols. — ℒ 1 ß 5 ʒ —
Aloës, le quintal cy-devant taxé, trois livres deux sols six deniers. ℒ 3 ß 2 ʒ 6
 Et pour la nouvelle reapreciation, quinze sols. ——— ℒ — ß 15 ʒ —
 Pour les quatre pour cent cy-devãt taxez, quatre livres. ℒ 4 ß — ʒ —
 Et pour la nouvelle reapreciation, trente cinq sols. — ℒ 1 ß 15 ʒ —
Alun de plumes, le quintal cy-devant taxé, trois livres six sols
  quatre deniers. ——————————————— ℒ 3 ß 6 ʒ 4
 Et pour la nouvelle reapreciation, ——————— neant.
Alun gras du pays, le quintal cy-devant taxé, deux sols. ——— ℒ — ß 2 ʒ —
 Et pour la nouvelle reapreciation, deux sols. ——— ℒ — ß 2 ʒ —
Alun, le quintal cy-devant taxé, six sols quatre deniers. ——— ℒ — ß 6 ʒ 4
 Et pour la nouvelle reapreciation, cinq sols. ——— ℒ — ß 5 ʒ —
 Pour les quatre pour cent cy-devant taxez, trois livres. ℒ 3 ß — ʒ —
 Et pour la nouvelle reapreciation, vingt-deux sols. — ℒ 1 ß 2 ʒ —
Ambre gris, pour tous droicts, la livre cy-devant taxée, douze li-
  vres neuf sols. ————————————— ℒ 12 ß 9 ʒ —
 Et pour la nouvelle reapreciation, ——————— neant.
Ambre jaune, le quintal cy-devant taxé, trois livres cinq sols. ℒ 3 ß 5 ʒ —
 Et pour la nouvelle reapreciation, vingt sols. ——— ℒ 1 ß — ʒ —
Ambre en roche, le quintal cy-devant taxé, seize sols. ——— ℒ — ß 16 ʒ —
 Et pour la nouvelle reapreciation, cinq sols. ——— ℒ — ß 5 ʒ —
Amidon, le quintal cy-devant taxé, trois sols. ——— ℒ — ß 3 ʒ —
 Et pour la nouvelle reapreciation, cinq sols. ——— ℒ — ß 5 ʒ —
Angelica, le quintal cy-devant taxé, trois livres deux sols six den. ℒ 3 ß 2 ʒ 6
 Et pour la nouvelle reapreciation, ——————— neant.
 Pour les quatre pour cent cy devant tazez, douze livres. ℒ 12 ß — ʒ —
 Et pour la nouvelle reapreciation, ——————— neant.
Antimoine, le quintal cy-devant taxé, trois sols trois deniers. — ℒ — ß 3 ʒ 3
 Et pour la nouvelle reapreciation, un sol. ——— ℒ — ß 1 ʒ —
 Pour les quatre pour cent cy-devant taxez, huict sols, ℒ — ß 8 ʒ —
 Et pour la nouvelle reapreciation, quatre sols. ——— ℒ — ß 4 ʒ —
Antofle de gerofle, le quintal cy-devant taxé, quarante-sept sols
  six deniers. ———————————————— ℒ 2 ß 7 ʒ 6
 Et pour la nouvelle reapreciation, dix sols. ——— ℒ — ß 10 ʒ —
 Pour les quatre pour cent cy devant taxez, trois livres. ℒ 3 ß — ʒ —
 Et pour la nouvelle reapreciation, trente sols. ——— ℒ 1 ß 10 ʒ —
Anis en graine, le quintal cy devant taxé, trois sols neuf deniers. ℒ — ß 3 ʒ 9

B

Et

Et pour la nouvelle reapreciation, deux sols. ———— ℒ—ß 2 ϐ——

Pour les quatre pour cent cy-devant taxez, quatre sols. ℒ—ß 4 ϐ——

Et pour la nouvelle reapreciation, quatre sols. ——— ℒ—ß 4 ϐ——

Arcanette, le quintal cy-devant taxé, quatre sols. ——— ℒ—ß 4 ϐ——

Et pour la nouvelle reapreciation, deux sols. ——— ℒ—ß 2 ϐ——

Arcenic, le quintal cy-devant taxé, treize sols trois deniers. ℒ—ß 13 ϐ 3

Et pour la nouvelle reapreciation, ———————————— neant.

Pour les quatre pour cent cy-devant taxez, douze sols. ℒ—ß 12 ϐ——

Et pour la nouvelle reapreciation, huict sols. ——— ℒ—ß 8 ϐ——

Asphaltum, le quintal cy-devant taxé, quarante-deux sols neuf
deniers. ————————————————————— ℒ 2 ß 2 ϐ 9

Et pour la nouvelle reapreciation, ———————————— neant.

Pour les quatre pour cent cy-devant taxez, vingt sols. ℒ 1 ß—ϐ——

Et pour la nouvelle reapreciation, vingt sols. ——— ℒ 1 ß—ϐ——

Assarum, le quintal cy-devant taxé, onze sols. ——— ℒ—ß 11 ϐ——

Et pour la nouvelle reapreciation, ———————————— neant.

Pour les quatre pour cent cy-devant taxez, huict sols. ℒ—ß 8 ϐ——

Et pour la nouvelle reapreciation, ———————————— neant.

Aspiny, ou Espines Angelieres, le quintal cy-devant taxé, trois
livres douze sols six deniers. ————————— ℒ 3 ß 12 ϐ 6

Et pour la nouvelle reapreciation, ———————————— neant.

Pour les quatre pour cent cy-devant taxez, douze sols. ℒ—ß 12 ϐ——

Et pour la nouvelle reapreciation, ———————————— neant.

Argent vif, le ballon de cent cinquante livres, cy-devant taxé,
quarante-cinq sols. ————————————— ℒ 2 ß 5 ϐ——

Et pour la nouvelle reapreciation, ———————————— neant.

Pour les quatre pour cent, le quintal cy-devant taxé,
vingt-quatre sols. ————————————————— ℒ 1 ß 4 ϐ——

Et pour la nouvelle reapreciation, quarante sols. ——— ℒ 2 ß—ϐ——

Aristologie, le quintal cy-devant taxé, cinq sols. ——— ℒ—ß 5 ϐ——

Et pour la nouvelle reapreciation, deux sols. ——— ℒ—ß 2 ϐ——

Assecteum, le quintal cy-devant taxé, treize sols quatre deniers. ℒ—ß 13 ϐ 4

Et pour la nouvelle reapreciation, six sols huit deniers. ℒ—ß 6 ϐ 8

Pour les quatre pour cent cy-devant taxez, vingt sols. ℒ 1 ß—ϐ——

Et pour la nouvelle reapreciation, dix sols. ——— ℒ—ß 10 ϐ——

Assa fœtida, le quintal cy-devant taxé, cinquante-deux sols six
deniers. ————————————————— ℒ 2 ß 12 ϐ 6

Et pour la nouvelle reapreciation, deux sols six deniers. ℒ—ß 2 ϐ 6

Pour les quatre pour cent cy-devant taxez, trois livres. ℒ 3 ß—ϐ——

Et pour la nouvelle reapreciation, ———————————— neant.

Azur fin, la livre cy-devant taxée, deux sols quatre deniers. —ℒ—ß 2 ϐ 4

Et pour la nouvelle reapreciation, ———————————— neant.

Pour les quatre pour cent, le quintal cy-devant taxé,
huict livres. ————————————————— ℒ 8 ß—ϐ——

Et

7

Et pour la nouvelle reapreciation, trois livres. ——— ₤ 3 ß — ß —

Azur moyen, le quintal cy-devant taxé, trente sols. ——— ₤ 1 ß 10 ß —

Et pour la nouvelle reapreciation, deux sols. ——— ₤ — ß 2 ß —

Azerbes, le quintal cy-devant taxé, quarante-sept sols six deniers. ₤ 2 ß 7 ß 6

Et pour la nouvelle reapreciation, deux sols six deniers. ₤ — ß 2 ß 6

Pour les quatre pour cent cy-devant taxez, trois livres. ₤ 3 ß — ß —

Et pour la nouvelle reapreciation, vingt sols. ——— ₤ 1 ß — ß —

Amandes d'Espagne, & autres Estrangeres, le quintal cy-devant
taxé, dix sols. ——————————— ₤ — ß 10 ß —

Et pour la nouvelle reapreciation, deux sols. ——— ₤ — ß 2 ß —

Amomy verum, le quintal cy-devant taxé, trois livres deux sols
six deniers. ——————————— ₤ 3 ß 2 ß 6

Et pour la nouvelle reapreciatió, dix sept sols six deniers. ₤ — ß 17 ß 6

Pour les quatre pour cent cy-devant taxez, quatre livres. ₤ 4 ß — ß —

Et pour la nouvelle reapreciation, vingt sols. ——— ₤ 1 ß — ß —

Appros, ou Schine, le quintal cy-devant taxés, trois livres. ——— ₤ 3 ß — ß —

Et pour la nouvelle reapreciation, trente sols. ——— ₤ 1 ß 10 ß —

Pour les quatre pour cent cy-devant taxez, douze livres. ₤ 12 ß — ß —

Et pour la nouvelle reapreciation, ——————————— neant.

Arquifoul, ou mine de plomb, le quintal, six sols. ——— ₤ — ß 6 ß —

Avelines, le quintal, pour tous droicts, huict sols. ——— ₤ — ß 8 ß —

Aguitran, ou poix molle, le quintal, un sol. ——— ₤ — ß 1 ß —

ℰMarchandises.

Acier de Piedmont & autres pays Estrangers, le ballon cy-devant
taxé, six sols six deniers. ——————————— ₤ — ß 6 ß 6

Et pour la nouvelle reapreciatió, le cent pesant, cinq sols. ₤ — ß 5 ß —

Acier fin & mol de Dauphiné, le ballon cy-devât taxé, quatre sols. ₤ — ß 4 ß —

Et pour la nouvelle reapreciatió, le cét pesant, quatre sols. ₤ — ß 4 ß —

Agnis surge d'Espagne, la balle cy-devant taxée, douze sols six
deniers. ——————————— ₤ — ß 12 ß 6

Et pour la nouvelle reapreciation, le cent pesant, six sols. ₤ — ß 6 ß —

Agnis surge, le quintal cy-devant taxé, cinq sols. ——— ₤ — ß 5 ß —

Et pour la nouvelle reapreciation, deux sols. ——— ₤ — ß 2 ß —

Agnis lavé, le quintal cy-devant taxé, douze sols six deniers. ——— ₤ — ß 12 ß 6

Et pour la nouvelle reapreciation, six sols. ——— ₤ — ß 6 ß —

Aiguilles de Milan, la balle cy-devant taxée, quarante-cinq sols. ₤ 2 ß 5 ß —

Et pour la nouvelle reapreciation, dix sols. ——— ₤ — ß 10 ß —

Albastre, ou Images de S. Claude dudit albastre cy-devant taxé,
trente sols. ——————————— ₤ 1 ß 10 ß —

Et pour la nuvelle reapreciation, deux sols. ——— ₤ — ß 2 ß —

Allemelles

8

Allemelles d'efpées eftrangeres, la douzaine cy-devant taxée,
    trois fols trois deniers. —————————————— £—ß 3 ℔ 3
    Et pour la nouvelle reapreciation, vn fol quatre deniers. £—ß 1 ℔ 4
Allemelles d'efpées de Vienne, & autres faites au Royaume, la
    douzaine cy-devant taxée, deux fols.———————— £—ß 2 ℔—
    Et pour la nouvelle reapreciation, vn fol. ———————— £—ß 1 ℔—
Armes dorées, pour piece cy-devant taxé, trente-deux fols fix
    deniers. ———————————————————— £ 1 ß 12 ℔ 6
    Et pour la nouvelle reapreciation, ——————————————neant.
Armes ou quinquailleries eftrangeres, blanches ou dorées, y
    compris efpées, la balle cy-devant taxée, cinq livres
    quinze fols. ———————————————— £ 5 ß 15 ℔—
    Et pour la nouvelle reapreciation, le cent pefant, dix fols. £—ß 10 ℔—
Arnois blanc d'homme de pied avec or, garny, cy-devant taxé,
    trente-deux fols fix deniers. ————————— £ 1 ß 12 ℔ 6
    Et pour la nouvelle reapreciation, fept fols fix deniers. £—ß 7 ℔ 6
Arnois gravé pour homme de pied, cy-devant taxé, douze fols fix
    deniers. ———————————————————— £—ß 12 ℔ 6
    Et pour la nouvelle reapreciation, douze fols fix deniers. ———Idem.
Arnois blác d'hóme de pied, cy-devant taxé, fept fols fix deniers. £—ß 7 ℔ 6
    Et pour la nouvelle reapreciation, deux fols. ———— £—ß 2 ℔—
Arnois d'hommes d'armes dorez, blancs ou noirs, à la legere, cy-
    devant taxez, trois livres cinq fols. ————— £ 3 ß 5 ℔—
    Et pour la nouvelle reapreciation, cinq fols. ——— £—ß 5 ℔—
Arnois, braffars, & corfelets vieux, la balle cydevát taxée, tréte fols £ 1 ß 10 ℔—
    Et pour la nouvelle reapreciation, huiĉt fols. ——— £—ß 8 ℔—
Arquebufes du pays garnies, la balle cy-devant taxée, dix fols. £—ß 10 ℔—
    Et pour la nouvelle reapreciation, pour cent, trois fols. £—ß 3 ℔—
Arçons de felles, & autres fuftailles de pays, la charge cy-devant
    taxée, deux fols fix deniers. ——————————— £—ß 2 ℔ 6
    Et pour la nouvelle reapreciation, cinq deniers. — £—ß—℔ 5
Autipeau, la charge cy-devant taxée, trente-cinq fols. ——— £ 1 ß 15 ℔—
    Et pour la nouvelle reapreciatiõ, le cent pefant, cinq fols. £—ß 5 ℔—
Argent faux, le marc cy-devant taxé, trois fols. ——————— £—ß 3 ℔—
    Et pour la nouvelle reapreciation, cinq fols. ———— £—ß 5 ℔—
Ambre fin, le quintal cy-devant taxé, trois livres cinq fols. £ 3 ß 5 ℔—
    Et pour la nouvelle reapreciation, quinze fols. ——— £—ß 15 ℔—
Albernus venant de Marfeille, comme baracan, la piece cy-
    devant taxée, dix fols. ———————————— £—ß 10 ℔—
    Et pour la nouvelle reapreciation, cinq fols. ——— £—ß 5 ℔—
Argent en maffe ou en barre, la livre payera vingt fols. ——— £ 1 ß—℔—
Anchoies, le baril pour tous droiĉts, un fol fix deniers. ———— £—ß 1 ℔ 6
Armades, ou Stoffix, pour tous droiĉts, la barique trente fols. £ 1 ß 10 ℔—
Aulx, la charge, cinq fols. —————————————— £—ß 5 ℔—

Efpiceries.

B

BArbotine, le quintal cy-devant taxé, trois livres. ————— ₤ 3 ß—₰—
    Et pour la nouvelle reapreciation, ————————————neant.
    Pour les quatre pour cent cy-devant taxez, douze livres. ₤ 12 ß—₰—
    Et pour la nouvelle reapreciation, ————————————neant.
Balauftres, le quintal cy-devant taxé, quinze fols huiſt deniers. ₤—ß 15 ₰ 8
    Et pour la nouvelle reapreciation, deux fols six deniers. ₤—ß 2 ₰ 6
Bayes de laurier, le quintal cy-devant taxé, trois fols neuf deniers ₤—ß 3 ₰ 9
    Et pour la nouvelle reapreciatió, deux fols trois deniers ₤—ß 2 ₰ 3
Benjoin, le quintal cy-devant taxé, trois livres deux fols six den. ₤ 3 ß 2 ₰ 6
    Et pour la nouvelle reapreciation, ————————————neant.
    Pour les quatre pour cent cy-devant taxez, quatre livres. ₤ 4 ſ—₰—
    Et pour la nouvelle reapreciation, ————————————neant.
Bois de Burfin, la charge cy-devant taxée, fix fols. ————— ₤—ß 6 ₰—
    Et pour la nouvelle reapreciation, deux fols. ————— ₤—ß 2 ₰—
Bois d'Ebene, le quintal cy-devant taxé, fept fols. ————— ₤—ß 7 ₰—
    Et pour la nouvelle reapreciation, trois fols. ————— ₤—ß 3 ₰—
    Pour les quatre pour cent cy-devant taxez, huiſt fols. ₤—ß 8 ₰—
    Et pour la nouvelle reapreciation, cinq fols. ————— ₤—ß 5 ₰—
Bois d'efquine, le quintal cy-devant taxé, trois livres. ————— ₤ 3 ß—₰—
    Et pour la nouvelle reapreciation, quinze fols. ————— ₤—ß 15 ₰—
    Pour les quatre pour cent cy-devant taxez, douze livres. ₤ 12 ſ—₰—
    Et pour la nouvelle reapreciation, ————————————neant.
Bois de gayat, le quintal cy-devant taxé, trois fols neuf deniers ₤—ß 3 ₰ 9
    Et pour la nouvelle reapreciation, un fol trois deniers ₤—ß 1 ₰ 3
    Pour les quatre pour cent cy-devant taxez, deux fols. ₤—ß 2 ₰—
    Et pour la nouvelle reapreciation, quatre fols. ————— ₤—ß 4 ₰—
Bois de rofe, le quintal cy-devant taxé, cinq fols neuf deniers. ₤—ß 5 ₰ 9
    Et pour la nouvelle reapreciation, un fol trois deniers. ₤—ß 1 ₰ 3
Boiliamini, le quintal cy-devant taxé, deux fols quatre deniers. ₤—ß 2 ₰ 4
    Et pour la nouvelle reapreciation, cinq fols. ————— ₤—ß 5 ₰—
    Pour les quatre pour cent cy-devant taxez, trois fols
    quatre deniers. ——————————————— ₤—ß 3 ₰ 4
    Et pour la nouvelle reapreciation, fept fols neuf deniers. ₤—ß 7 ₰ 9
Bourra, le quintal cy-devãt taxé, trois livres deux fols six deniers. ₤ 3 ß 2 ₰ 6
    Et pour la nouvelle reapreciation, vingt fols. ————— ₤ 1 ß—₰—
    Pour les quatre pour cent cy-devant taxez, huiſt livres. ₤ 8 ß—₰—
    Et pour la nouvelle reapreciation, ————————————neant.
Brefil & bois d'Inde, le quintal cy-devant taxé, deux fols quatre
    deniers. ——————————————————— ₤—ß 2 ₰ 4
    Et pour la nouvelle reapreciation, trois fols neuf deniers. ₤—ß 3 ₰ 9

C

Pour

Pour les quatre pour cẽt cy-devant taxez, un fol quatre
deniers. ——————————————————— £—ß 1 ß 4
Et pour la nouvelle reapreciatiõ, douze fols huit deniers. £—ß 12 ß 8
Bendeleon, le quintal cy-devant taxé, cinquante-deux fols fix
deniers. ——————————————————— £ 2 ß 12 ß 6
Et pour la nouvelle reapreciation, deux fols fix deniers. £—ß 2 ß 6
Pour les quatre pour cent cy-devant taxez, trois livres. £ 3 ß— ß—
Et pour la nouvelle reapreciation, dix fols. ———————— £—ß 10 ß—
Bois d'Inde, le cent pefant, fix fols. ——————————— £—ß 6 ß—
Pour les quatre pour cent, huiđ fols. ——————————— £—ß 8 ß—

Marchandifes.

Balles, paniers & corbeilles, la douzaine cy-devant taxée, cinq
deniers. ——————————————————— £—ß— ß 5
Et pour la nouvelle reapreciation, fept deniers. ———— £—ß— ß 7
Bardenoche, la piece cy-devant taxée, trois fols. ——— £—ß 3 ß—
Et pour la nouvelle reapreciation, un fol. ——————— £—ß 1 ß—
Et l'Eftrangere cy-devant taxée, quatre fols. ————— £—ß 4 ß—
Et pour la nouvvelle reapreciation, deux fols. ———— £—ß 2 ß—
Bas de foye cramoify, la livre cÿ-devant taxée, quarante-huiđ
fols neuf deniers. ————————————————— £ 2 ß 8 ß 9
Et pour la nouvelle reapreciation, ——————————— neant.
Bas de foye, la livre cy-devant taxée, quatorze fols. —— £—ß 14 ß—
Et pour la nouvelle reapreciation, deux fols. ———— £—ß 2 ß—
Batterie de cuivre, le quintal cy-devant taxé, huiđ fols. — £—ß 8 ß—
Et pour la nouvelle reapreciation, vingt-deux fols. — £ 1 ß 2 ß—
Batterie de fer, le quintal cy-devant taxé, cinq fols. —— £—ß 5 ß—
Et pour la nouvelle reapreciation, trois fols. ———— £—ß 3 ß—
Bayette de France, la piece cy-devant taxée, fept fols fix deniers. £—ß 7 ß 6
Et pour la nouvelle reapreciation, quatre fols fix deniers. £—ß 4 ß 6
Bayette étrangere, la piece cy-devãt taxée, douze fols fix deniers. £—ß 12 ß 6
Et pour la nouvelle reapreciation, huiđ fols fix deniers. £—ß 8 ß 6
Bazannes, la balle cy-devant taxée, fept fols fix deniers. —£—ß 7 ß 6
Et pour la nouvelle reapreciation, deux fols. ———— £—ß 2 ß—
Berceaux, la douzaine cy-devant taxée, un fol. ———— £—ß 1 ß—
Et pour la nouvelle reapreciation, fix deniers. ——— £—ß— ß 6
Befches, la douzaine cy-devant taxée, deux fols. ——— £—ß 2 ß—
Et pour la nouvelle reapreciation, un fol. ——————— £—ß 1 ß—
Bimbloterie de Paris, le quintal cy-devant taxé, quinze fols. £—ß 15 ß—
Et pour la nouvelle reapreciation, fept fols fix deniers. £—ß 7 ß 6
Celle de Roüen, le quintal cy-devant taxé, vingt fols. —— £ 1 ß— ß—

Et

Et pour la nouvelle reapreciation, huict fols. ———— £—ß 8 ß—

Biſſonnata, à faire frocs de Moine, le fond ou charge cy-devant
taxé, dix-ſept ſols ſix deniers. ———— £—ß 17 ß 6

Et pour la nouvelle reapreciation, cinq fols. ———— £—ß 5 ß—

Blancherie de cuir, la balle cy-devant taxée, ſept fols. ———— £—ß 7 ß—

Et pour la nouvelle reapreciation, deux fols. ———— £—ß 2 ß—

Blancherie de cuivre, le quintal cy-devant taxé, huict fols.— £—ß 8 ß—

Et pour la nouvelle reapreciation, voyez *Batterie*, vingt-
deux fols. ———— £ 1 ß 2 ß—

Bois de miroir, la balle cy-devant taxée, deux fols. ———— £—ß 2 ß—

Et pour la nouvelle reapreciation, huict fols. ———— £—ß 8 ß—

Et l'eſtranger cy-devant taxé, quatre ſols ſix deniers. ———— £—ß 4 ß 6

Et pour la nouvelle reapreciatió, le cent peſant, cinq fols £—ß 5 ß—

Beruze, la piece cy-devant taxée, cinq fols. ———— £—ß 5 ß—

Et pour la nouvelle reapreciation, un ſol ſix deniers. ———— £—ß 1 ß 6

Bindely, petit paſſement d'Italie, ſoye & argent, la livre huict fols. £—ß 8 ß—

Bandollieres étrangeres, le quintal cy-devant taxé, trois livres
cinq fols. ———— £ 3 ß 5 ß—

Et pour la nouvelle reapreciation, ———————neant.

Bois de miroir, & miroir d'Italie, la quaiſſe cy-devant taxée, neuf
livres. ———— £ 9 ß— ß—

Et pour la nouvelle reapreciation, quarante fols. ———— £ 2 ß— ß—

Bois étranger, ou grobon, la balle cy-devant taxée, deux ſols ſix
deniers. ———— £—ß 2 ß 6

Et pour la nouvelle reapreciation, un ſol. ———— £—ß 1 ß—

Bange de Bourgogne, le quintal cy-devant taxé, dix fols. ———— £—ß 10 ß—

Et pour la nouvelle reapreciation, quatre fols. ———— £—ß 4 ß—

Et la piece cy-devant taxée, trois fols. ———— £—ß 3 ß—

Et pour la nouvelle reapreciation, un ſol. ———— £—ß 1 ß—

Bois de raquette, le quintal cy-devant taxé, huict fols. ———— £—ß 8 ß—

Et pour la nouvelle reapreciation, deux fols. ———— £—ß 2 ß—

Barragan de Taine, la piece cy-devant taxée, quatre ſols ſix den. £—ß 4 ß 6

Et pour la nouvelle reapreciation, cinq ſols ſix deniers. £—ß 5 ß 6

Bombaſins en ſoye, la piece cy-devant taxée, dix fols. ———— £—ß 10 ß—

Et pour la nouvelle reapreciation, cinq fols. ———— £—ß 5 ß—

Bombaſin de Milan, la balle cy-devant taxée, ſix livres. ———— £ 6 ß— ß—

Et pour la nouvelle reapreciation, trois livres. ———— £ 3 ß— ß—

La piece cy-devant taxée, ſept ſols ſix deniers. ———— £—ß 7 ß 6

Et pour la nouvelle reapreciation, ſept ſols ſix deniers. £—ß 7 ß 6

Bonnet de Mantouë & Milan, la quaiſſe cy-devant taxée, dix liv. £ 10 ß— ß—

Et pour la nouvelle reapreciation, ———————neant.

Bonnets de Paris, Rouën, Bourges & autres lieux du Royaume,
la douzaine cy-devant taxée, cinq fols. ———— £—ß 5 ß—

Et pour la nouvelle reapreciation, un ſol. ———— £—ß 1 ß—

Botranne,

Bottanne , la piece cy-devant taxée, cinq fols. —————————£—ß 5 ß—

Et pour la nouvelle reapreciation, deux fols. —————£—ß 2 ß—

Boüettes peintes pour Apothicaires, la charge cy-devant taxée,
fept fols fix deniers. ——————————————————£—ß 7 ß 6

Et pour la nouvelle reapreciation, trois fols. ————£—ß 3 ß—

Boüettes blanches, & autres fuftailles, la charge cy-devant taxée,
deux fols fix deniers. ——————————————£—ß 2 ß 6

Et pour la nouvelle reapreciation , un fol. ————£—ß 1 ß—

Et les êtrangeres cy-devant taxées, quatre fols fix deniers. —£—ß 4 ß 6

Et pour la nouvelle reapreciatiõ, du cét pefant, deux fols. £—ß 2 ß—

Bougrans d'Alemagne , la piece cy-devant taxée, quatre fols. —£—ß 4 ß—

Et pour la nouvelle reapreciation , trois fols. ————£—ß 3 ß—

Bougrans de Paris, & autres femblables , la douzaine cy-devant
taxée , un fol fix deniers. ————————————£—ß 1 ß 6

Et pour la nouvelle reapreciation , trois fols. ———£—ß 3 ß—

Bougrans êtranger , la douzaine cy-devant taxée , deux fols fix
deniers. ——————————————————£—ß 2 ß 6

Et pour la nouvelle reapreciation , cinq fols. ————£—ß 5 ß—

Bouges pour faire chemifes à Chartreux, la charge cy-devant taxée , vingt-cinq fols. ————————————£ 1 ß 5 ß—

Et pour la nouvelle reapreciation , cinq fols. ————£—ß 5 ß—

Boules de palle-mail , la Bale cy-devant taxée , quinze fols. —£—ß 15 ß—

Et pour la nouvelle reapreciatiõ, le cent pefant, trois fols. £—ß 3 ß—

Bourfes de cuir à cordons de foye, la douzaine cy-devant taxée,
fix fols quatre deniers. ——————————————£—ß 6 ß 4

Et pour la nouvelle reapreciation , un fol. ————£—ß 1 ß—

Bourfes de cuir , blanches & jaunes , le quintal cy-devant taxé,
deux fols huiĉt deniers. ————————————£—ß 2 ß 8

Et pour la nouvelle reapreciation , cinq fols quatre
deniers. ——————————————————£—ß 5 ß 4

Et la charge cy-devant taxée, huiĉt fols. ————£—ß 8 ß—

Et pour la nouvelle reapreciation , ——————à proportion.

Bourfes de Petay , la charge cy-devant taxée, huiĉt fols. —£—ß 8 ß—

Et pour la nouvelle reapreciation , dix fols. ————£—ß 10 ß—

Bourras de pays , la piece cy-devant taxée , un fol. ————£—ß 1 ß—

Et pour la nouvelle reapreciation , un fol. ————£—ß 1 ß—

Bourras étranger, la piece cy-devant taxée, un fol neuf deniers. £—ß 1 ß 9

Et pour la nouvelle reapreciation, un fol neuf deniers. £—ß 1 ß 9

Bourre de Cerf , la balle cy-devant taxée , fix fols. ————£—ß 6 ß—

Et pour la nouvelle reapreciation, le cent pefant, quatre
fols. ——————————————————£—ß 4 ß—

Bourre à Baftier , la balle cy-devant taxée , trois fols. ——£—ß 3 ß—

Et pour la nouvelle reapreciatiõ, le cent pefant, deux fols. £—ß 2 ß—

Et l'eftrangere cy-devant taxée , cinq fols fix deniers. ——£—ß 5 ß 6

Et

Et pour la nouvelle reapreciation, le cent, deux fols.——£—ß 2 ß—

Bourre à Boucher, la balle cy-devant taxée, deux fols. ——£—ß 2 ß—

Et pour la nouvelle reapreciation, le cent pefant, un fol.£—ß 1 ß—

Bourre de Chevre, la balle cy-devant taxée, trois fols. ——£—ß 3 ß—

Et pour la nouvelle reapreciatiõ,le cent pefant deux fols £—ß 2 ß—

Bourre de foye de Vincence,Lucques,Gennes,& autres lieux,la balle cy-devant taxée, trois livres. ————————£ 3 ß—ß—

Et pour la nouvelle reapreciation, le cent, vingt fols.£ 1 ß—ß—

Bourre de foye cardée, la balle cy-devant taxée, fix livres. —£ 6 ß—ß—

Et pour la nouvelle reapreciation, le cent pefant, quarante fols. ————————————————£ 2 ß—ß—

Bourre de foye filée, le quintal cy-devant taxé, quatre livres. £ 4 ß—ß—

Et pour la nouvelle reapreciation, quarante fols. ——£ 2 ß—ß—

Bauges de Chaftillon, le quintal cy-devant taxé, dix fols..——£—ß10ß—

Et pour la nouvelle reapreciation, quatre fols.————£—ß 4 ß—

Brut ou bout d'Eftamine, le quintal cy-devant taxé, huiĉt fols.£—ß 8 ß—

Et pour la nouvelle reapreciation, deux fols. ——£—ß 2 ß—

Brenne rayé de foye, la livre cy-devant taxée, cinq fols. ——£—ß 5 ß—

Et pour la nouvvelle reapreciation, deux fols.——£—ß 2 ß—

Bretelles de verre, la bretelle cy-devant taxée, trois fols fix den.£—ß 3 ß 6

Et pour la nouvelle reapreciation, deux fols. ——£—ß 2 ß—

Et les grandes cy-devant taxées, fept fols. ————£—ß 7 ß—

Et pour la nouvelle reapreciation, quatre fols. ——£—ß 4 ß—

Brigandine dorée, la piece cy-devant taxée, trente-deux fols fix deniers. ————————————£ 1 ß12ß 6

Et pour la nouvelle reapreciation, ——————————neant.

Brigandine non dorée, cy-devant taxée,cinq fols fix deniers.£—ß 5 ß 6

Et pour la nouvelle reapreciation, deux fols. ——£—ß 2 ß—

Brottes ou cuillieres à table, contenant un millier, cy-devant taxé, quatre fols. ————————————£—ß 4 ß—

Et pour la nouvelle reapreciation, deux fols. ——£—ß 2 ß—

Bruyeres, la charge cy-devant taxée, deux fols. ————£—ß 2 ß—

Et pour la nouvelle reapreciation, dix fols.————£—ß10ß—

Bruyeres étrangeres, le quintal cy-devant taxé, quinze fols. —£—ß15ß—

Et pour la nouvelle reapreciation, cinq fols.————£—ß 5 ß—

Buffetins, la piece cy-devant taxée, fept fols. ————£—ß 7 ß—

Et pour la nouvelle reapreciation, trois fols.————£—ß 3 ß—

Buffles, la piece cy-devant taxée, treize fols fix deniers. ——£—ß13ß 6

Et pour la nouvelle reapreciation, fix fols fix deniers.£—ß 6 ß 6

Burails de Rheims, la piece cy-devant taxée, deux fols. ——£—ß 2 ß—

Et pour la nouvelle reapreciation, trois fols. ————£—ß 3 ß—

Burails de Bergame,& Tapifferie,la balle cy-devant taxée,huiĉt livres. ————————————————£ 8 ß—ß—

Et pour la nouvelle reapreciation,le cét pefant,tréte fols.£ 1 ß10ß—

D

Burails

14

Burails, la piece cy-devant taxée, un sol neuf deniers. ——£—ß 1 ᵭ 9
Et pour la nouvelle reapreciation, vn sol. ——£—ß 1 ᵭ—
Burails de soye de Milan,la livre cy-devant taxée,dix-huict sols.£—ß18ᵭ—
Et pour la nouvelle reapreciation, quatre sols. ——£—ß 4 ᵭ—
Burails de Gennes,outre les dix-huit sols trois deniers pour livre,
la piece cy-devant taxée, douze sols six deniers. ——£—ß12ᵭ 6
Et pour la nouvelle reapreciation, deux sols six deniers.£—ß 2 ᵭ 6
Burails de Naples, la livre cy-devant taxée, dix-neuf sols neuf
deniers. ——————————£—ß19ᵭ 9
Et pour la nouvelle reapreciatiõ,quatre sols neuf deniers.£—ß 4 ᵭ 9
Bureau , la charge cy-devant taxée, six sols. ——£—ß 6 ᵭ—
Et pour la nouvelle reapreciatiõ,le cent pesant,deux sols.£—ß 2 ᵭ—
Bureau,la piece cy-devant taxée , un sol. ——£—ß 1 ᵭ—
Et pour la nouvelle reapreciation , six deniers. ——£—ß—ᵭ 6
Burat d'Auvergne, payera le ballon cy-devant taxé,quatre sols.£—ß 4 ᵭ—
Et pour la nouvelle reapreciation, le ballon quatre sols.£—ß 4 ᵭ—
Bois de grotelle , le quintal cy-devant taxé, quinze sols. ——£—ß15ᵭ—
Et pour la nouvelle reapreciation , trois sols. ——£—ß 3 ᵭ—
Bas de soye de Paris, la livre cy-devant taxée, quatre sols. —£—ß 4 ᵭ—
Et pour la nouvelle reapreciation, quatre sols. ——£—ß 4 ᵭ—
Bagues de Saumur , le quintal payera trente sols. ——£ 1 ß10ᵭ—
Et pour la nouvelle reapreciation, —————— neant.
Brocardel fil & soye, la livre cy-devant taxée, onze sols six den.£—ß11ᵭ 6
Et pour la nouvelle reapreciation , deux sols six deniers.£—ß 2 ᵭ 6
Bas d'estame de toutes sortes , la douzaine , dix sols. ——£—ß10ᵭ—
Baudriers en broderie d'Argent,l'un portant l'autre,quinze sols.£—ß15ᵭ—
Baudriers galonnez d'or & d'argent, la piece , cinq sols. ——£—ß 5 ᵭ—
Bas de fil & de cotton,l'un portãt l'autre,la douzaine,dixhuit sols.£—ß18ᵭ—

Espiceries & Drogueries.

C

CAlami aromatici,le quintal cy-devant taxé , onze sols huict
deniers. ——————————£—ß11ᵭ 8
Et pour la nouvelle reapreciation , un sol quatre deniers.£—ß 1 ᵭ 4
Pour les quatre pour cent cy-devant taxez, quatre sols.£—ß 4 ᵭ—
Et pour la nouvelle reapreciation , onze sols. ——£—ß11ᵭ—
Calamite,le quintal cy-devant taxé,vingt-neuf sols trois deniers.£ 1 ß 9 ᵭ 3
Et pour la nouvelle reapreciation,un sol neuf deniers. £—ß 1 ᵭ 9
Pour les quatre pour cent cy-devant taxez,quarante sols.£ 2 ß—ᵭ—

Et

Et pour la nouvelle reapreciation, cinq fols. ————ℓ—ß 5 ȝ—
Canelle, le quintal cy-devãt taxé, trois livres douze fols fix den. ℓ 3 ß 12 ȝ 6
   Et pour la nouvelle reapreciation, vingt-fept fols fept
   deniers. —————————————————ℓ 1 ß 7 ȝ 7
   Pour les quatre pour cent cy-devant taxez, fix livres. ℓ 6 ß— ȝ—
   Et pour la nouvelle reapreciation, quarante fols. ————ℓ 2 ß— ȝ—
Canelle courte, le quintal cy-devant taxé, quarante-fept fols fix
   deniers. ————————————————ℓ 2 ß 7 ȝ 6
   Et pour la nouvelle reapreciation, deux fols fix deniers. ℓ—ß 2 ȝ 6
   Pour les quatre pour cent cy-devant taxez, trois livres. ℓ 3 ß— ȝ—
   Et pour la nouvelle reapreciation, vingt fols. ————ℓ 1 ß— ȝ—
Canfre, le quintal cy-devant taxé, fix livres deux fols fix deniers. ℓ 6 ß 2 ȝ 6
   Et pour la nouvelle reapreciation, dix-fept fols fix den. ℓ—ß 17 ȝ 6
   Pour les quatre pour cent cy-devant taxez, feize livres. ℓ 16 ß— ȝ—
   Et pour la nouvelle reapreciation, ————————neant.
Cantarides, le quintal cy-devant taxé, treize fols fix deniers. ℓ—ß 13 ȝ 6
   Et pour la nouvelle reapreciation, vingt-fix fols fix den. ℓ 1 ß 6 ȝ 6
   Pour les quatre pour cent cy-devant taxez, dix fols. ——ℓ—ß 10 ȝ—
   Et pour la nouvelle reapreciation, cinquante fols. ——ℓ 2 ß 10 ȝ—
Chappelets, le quintal cy-devant taxé, quarante-fept fols fix
   deniers. ————————————————ℓ 2 ß 7 ȝ 6
   Et pour la nouvelle reapreciation, douze fols fix deniers. ℓ—ß 12 ȝ 6
   Pour les quatre pour cent cy-devant taxez, trois livres. ℓ 3 ß— ȝ—
   Et pour la nouvelle reapreciation, quarante fols. ————ℓ 2 ß— ȝ—
Cardamomi mondé, le quintal cy-devant taxé, trois livres deux
   fols fix deniers. ——————————————ℓ 3 ß 2 ȝ 6
   Et pour la nouvelle reapreciation, ————————neant.
   Pour les quatre pour cent cy-devant taxez, quatre livres. ℓ 4 ß— ȝ—
   Et pour la nouvelle reapreciation, ————————neant.
Carabe, ou poudre d'Ambre, le quintal cy-devant taxé, treize
   fols trois deniers. ——————————————ℓ—ß 13 ȝ 3
   Et pour la nouvelle reapreciation, un fol neuf deniers. ℓ—ß 1 ȝ 9
   Pour les quatre pour cent cy-devant taxez, feize fols. ℓ—ß 16 ȝ—
   Et pour la nouvelle reapreciation, huict fols. ————ℓ—ß 8 ȝ—
Cartamy, le quintal cy-devant taxé, trois fols neuf deniers. ——ℓ—ß 3 ȝ 9
   Et pour la nouvelle reapreciation, quatre fols. ————ℓ—ß 4 ȝ—
   Pour les quatre pour cent cy-devant taxez, dix fols. ——ℓ—ß 10 ȝ—
   Et pour la nouvelle reapreciation, deux fols. ————ℓ—ß 2 ȝ—
Corticum Iuniperi, le quintal cy-devant taxé, douze fols. ——ℓ—ß 12 ȝ—
   Et pour la nouvelle reapreciation, un fol. ————ℓ—ß 1 ȝ—
   Pour les quatre pour cent cy-devant taxés, treize fols
   trois deniers. ————————————————ℓ—ß 13 ȝ 3
   Et pour la nouvelle reapreciation, deux fols. ————ℓ—ß 2 ȝ—
Caffia, le quintal cy-devant taxé, trente fols fix deniers. ———ℓ 1 ß 10 ȝ 6

Et

Et pour la nouvelle reapreciation, vingt-sept sols six den. ₶ 1 ß 7 ß 6

Pour les quatre pour cent cy-devant taxez , huict sols. ₶—ß 8 ß—

Et pour la nouvelle reapreciation, trois livres douze sols. ₶ 3 ß 12 ß—

Caſſonnade, le quintal cy-devant taxé , douze ſols ſix deniers. ₶—ß 12 ß 6

Et pour la nouvelle reapreciation, ſept ſols ſix deniers. ₶—ß 7 ß 6

Pour les quatre pour cent cy-devant taxez , douze ſols. ₶—ß 12 ß—

Et pour la nouvelle reapreciation , vingt-huict ſols. —₶ 1 ß 8 ß—

Caſtor, le quintal cy-devant taxé , quarante-ſept ſols ſix deniers. ₶ 2 ß 7 ß 6

Et pour la nouvelle reapreciation, trois livres. ——₶ 3 ß—ß—

Pour les quatre pour cent cy-devant taxez, dix ſols. —₶—ß 10 ß—

Et pour la nouvelle reapreciation , cinq livres dix ſols. ₶ 5 ß 10 ß—

Ceruze, le quintal cy-devant taxé , onze ſols huict deniers. —₶—ß 11 ß 8

Et pour la nouvelle reapreciation, ————————neant.

Pour les quatre pour cent cy-devant taxez , huict ſols. ₶—ß 8 ß—

Et pour la nouvelle reapreciation , quatre ſols. ——₶—ß 4 ß—

Cercacola , le quintal cy-devant taxé , vingt-neuf ſols trois den. ₶ 1 ß 9 ß 3

Et pour la nouvelle reapreciation, ————neant.

Pour les quatre pour cent cy-devant taxez, quarante ſols. ₶ 2 ß—ß—

Et pour la nouvelle reapreciation , ————neant.

Cire blanche, le quintal cy-devant taxé , vingt-ſept ſols ſix den. ₶ 1 ß 7 ß 6

Et pour la nouvelle reapreciation , trois ſols ſix deniers. ₶—ß 3 ß 6

Pour les quatre pour cent cy-devant taxez, vingt-quatre ſols. ——————₶ 1 ß 4 ß—

Et pour la nouvelle reapreciation , vingt ſols. ——₶ 1 ß—ß—

Cire blanche en œuvre, le quintal cy-devant taxé , trente-deux ſols ſix deniers. ————₶ 1 ß 12 ß 6

Et pour la nouvelle reapreciation , neuf ſols ſix deniers. ₶—ß 9 ß 6

Pour les quatre pour cent cy-devant taxez, vingt-quatre ſols. ————₶ 1 ß 4 ß—

Et pour la nouvelle reapreciation , vingt ſols. ——₶ 1 ß—ß—

Cire blanche de Montpellier, le quintal cy-devant taxé, quinze ſols. ————₶—ß 15 ß

Et pour la nouvelle reapreciation, dix ſols. ——₶—ß 10 ß—

Cire blanche de Veniſe , le quintal cy-devant taxé, trente-deux ſols ſix deniers. ————₶ 1 ß 12 ß 6

Et pour la nouvelle reapreciation, deux ſols ſix deniers. ₶—ß 2 ß 6

Pour les quatre pour cent cy-devant taxez, vingt-quatre ſols. ————₶ 1 ß 4 ß—

Et pour la nouvelle reapreciation , vingt ſols. ——₶ 1 ß—ß—

Cire jaune du Royaume, le quintal cy-devant taxé, douze ſols ſix deniers. ————₶—ß 12 ß 6

Et pour la nouvelle reapreciation , dix-ſept ſols ſix den. ₶—ß 17 ß 6

Cire forte d'Eſpagne & autres lieux , le quintal cy-devant taxé, trois livres cinq ſols. ————₶ 3 ß 5 ß—

Et

Et pour la nouvelle reapreciation , ————————————————neant.

Cire d'Alemagne , le quintal cy-devant taxé , feize fols. ——ℒ—ß 16 ᔐ—

Et pour la nouvelle reapreciation , trente-deux fols. ——ℒ 1 ß 12 ᔐ—

Cirot de Capilli Veneris , le quintal cy-devant taxé , vingt fols. ℒ 1 ß—ᔐ—

Et pour la nouvelle reapreciation , onze fols. ————ℒ—ß 11 ᔐ—

Civette, pour tous droicts , cy-devant taxée , fix livres. ——ℒ 6 ß—ᔐ—

Et pour la nouvelle reapreciation , quarante fols. ——ℒ 2 ß—ᔐ—

Cochenille , le quintal cy-devant taxé, pour tous droits, dix liv. ℒ 10 ß—ᔐ—

Et pour la nouvelle reapreciation , vingt-fept livres dix
fols.————————————————————ℒ 27 ß 10 ᔐ—

Cadamomy ou graine de Perroquet, le quintal cy-devant taxé ,
huiĉt fols huiĉt deniers. ————————ℒ—ß 8 ᔐ 8

Et pour la nouvelle reapreciation , ————————————neant.

Carpobalfamy , le quintal cy-devant taxé , trente-deux fols fix
deniers. ————————————————ℒ 1 ß 12 ᔐ 6

Et pour la nouvelle reapreciation , quarante-deux fols
fix deniers. ————————————————ℒ 2 ß 2 ᔐ 6

Pour les quatre pour cent cy-devant taxez, quatre livres. ℒ 4 ß—ᔐ—

Et pour la nouvelle reapreciation , quatre livres. ——ℒ 4 ß—ᔐ—

Coftus , le quintal cy-devant taxé , douze fols. ——ℒ—ß 12 ᔐ—

Et pour la nouvelle reapreciation , vingt-huiĉt fols. ——ℒ 1 ß 8 ᔐ—

Pour les quatre pour cent cy-devant taxez, treize fols
trois deniers. ————————————ℒ—ß 13 ᔐ 3

Et pour la nouvelle reapreciation , trente fols. ——ℒ 1 ß 10 ᔐ—

Coque de Levant, le quintal cy-devant taxé, vingt-neuf fols trois
deniers. ————————————————ℒ 1 ß 9 ᔐ 3

Et pour la nouvelle reapreciation , dix fols. ——ℒ—ß 10 ᔐ—

Pour les quatre pour cent cy-devant taxez, vingt fols. ℒ 1 ß—ᔐ—

Et pour la nouvelle reapreciation , trente fols. ——ℒ 1 ß 10 ᔐ—

Confitures , le quintal cy-devant taxé, vingt fols. ——ℒ 1 ß—ᔐ—

Et pour la nouvelle reapreciation , vingt fols. ——ℒ 1 ß—ᔐ—

Colle de poiffon , pour tous droicts , le quintal cy-devant taxé ,
trois livres un fol trois deniers. ————ℒ 3 ß 1 ᔐ 3

Et pour la nouvelle reapreciation , ————————————neant.

Colle de France , le quintal cy-devant taxé , quatre fols. ——ℒ—ß 4 ᔐ—

Et pour la nouvelle reapreciation , trois fols fix deniers. ℒ—ß 3 ᔐ 6

Colle êtrangere , le quintal cy-devant taxé , fept fols. ——ℒ—ß 7 ᔐ—

Et pour la nouvelle reapreciation , trois fols. ——ℒ—ß 3 ᔐ—

Colle de pays , la charge cy-devant taxée , douze fols. ——ℒ—ß 12 ᔐ—

Et pour la nouvelle reapreciation , cinq fols. ——ℒ—ß 5 ᔐ—

Colle , le quintal cy-devant taxé , quatre fols. ——ℒ—ß 4 ᔐ—

Et pour la nouvelle reapreciation , deux fols. ——ℒ—ß 2 ᔐ—

Coloquintes , le quintal cy-devant taxé , vingt-neuf fols trois
deniers. ————————————————ℒ 1 ß 9 ᔐ 3

E

Et

Et pour la nouvelle reapreciation, dix fols neuf deniers. ₶ — ß 10 ₰ 9

Pour les quatre pour cent cy-devant taxez , dix fols. ₶ — ß 10 ₰ —

Et pour la nouvelle reapreciation , quarante fols. ——— ₶ 2 ß — ₰ —

Coral blanc & rouge , le quintal cy-devant taxé, treize fols trois deniers. ———————————————— ₶ — ß 13 ₰ 3

Et pour la nouvelle reapreciation , ——————————— neant.

Pour les quatre pour cent cy-devant taxez, quarante fols. ₶ 2 ß — ₰ —

Et pour la nouvelle reapreciation , ——————————— neant.

Corail taillé ou en œuvre, le quintal cy-devant taxé, cinq livres. ₶ 5 ß — ₰ —

Et pour la nouvelle reapreciation , —————————— neant.

Coraline, pour tous droicts, le quintal cy-devant taxé, trente-sept fols six deniers. ———————————— ₶ 1 ß 17 ₰ 6

Et pour la nouvelle reapreciation , ————————— neant.

Coriandes, le quintal cy-devant taxé , trois fols neuf deniers. ₶ — ß 3 ₰ 9

Et pour la nouvelle reapreciation , trois deniers. ——— ₶ — ß — ₰ 3

Pour les quatre pour cent cy-devant taxez , quatre fols. ₶ — ß 4 ₰ —

Et pour la nouvelle reapreciation , un fol. ——— ₶ — ß 1 ₰ —

Corticum capparis , le quintal cy-devant taxé , douze fols. — ₶ — ß 12 ₰ —

Et pour la nouvelle reapreciation , deux fols. ——— ₶ — ß 2 ₰ —

Pour les quatre pour cent cy-devant taxez , treize fols. trois deniers. ——————————— ₶ — ß 13 ₰ 3

Et pour la nouvelle reapreciation, quatre fols. ——— ₶ — ß 4 ₰ —

Couperose, le quintal cy-devant taxé , quatre fols trois deniers. ₶ — ß 4 ₰ 3

Et pour la nouvelle reapreciation , neuf deniers. ——— ₶ — ß — ₰ 9

Pour les quatre pour cent cy-devant taxez , huit fols. —— ₶ — ß 8 ₰ —

Et pour la nouvelle reapreciation , deux fols. ——— ₶ — ß 2 ₰ —

Cubibes, le quintal cy-devant taxé, trente-deux fols six deniers. ₶ 1 ß 12 ₰ 6

Et pour la nouvelle reapreciation , —————————— neant.

Pour les quatre pour cent cy-devant taxez, quatre livres. ₶ 4 ß — ₰ —

Et pour la nouvelle reapreciation , —————————— neant.

Cucieres, le quintal cy-devant taxé, trente-deux fols six deniers. ₶ 1 ß 12 ₰ 6

Et pour la nouvelle reapreciation , —————————— neant.

Pour les quatre pour cent cy-devant taxez , quatre ₶ 4 ß — ₰ — livres. —————————————

Et pour la nouvelle reapreciation , —————————— neant.

Cumium , le quintal cy-devant taxé , trois fols neuf deniers. — ₶ — ß 3 ₰ 9

Et pour la nouvelle reapreciation, deux fols trois den. ₶ — ß 2 ₰ 3

Pour les quatre pour cent cy-devant taxez, quatre fols. ₶ — ß 4 ₰ —

Et pour la nouvelle reapreciation , six fols. ————— ₶ — ß 6 ₰ —

Cochenille silvestre , le quintal cy-devant taxé , trois livres. —— ₶ 3 ß — ₰ —

Et pour la nouvelle reapreciation, ————————— neant.

Cucumelle, comme moitié Agaric, pour tous droicts , le quintal cy-devant taxé , dix-huict fols neuf deniers. ——————— ₶ — ß 18 ₰ 9

Et pour la nouvelle reapreciation , ————————— neant.

Confectio

Confectio Alquermes & Iacinthe, le quintal cy-devant taxé,
    quatre livres.————————————————ℒ 4 ß—₰—
        Et pour la nouvelle reapreciation, six livres. ————ℒ 6 ß—₰—
Citrons, le quintal, trois fols. ————————————ℒ—ß 3 ₰—

Marchandiſes.

Cabinets peints venans d'Alemagne, la piece cy-devant taxée,
    trente fols. ————————————————ℒ 1 ß 10 ₰—
        Et pour la nouvelle reapreciation, vingt fols. ————ℒ 1 ß—₰—
Cabinets de Veniſe d'Ebene riches, la piece cy-devant taxée,
    trois livres. ————————————————ℒ 3 ß—₰—
        Et pour la nouvelle reapreciation, cinq livres. ————ℒ 5 ß—₰—
Caboches, la tonnette cy-devant taxée, cinq fols. ————ℒ—ß 5 ₰—
        Et pour la nouvelle reapreciation, deux fols. ————ℒ—ß 2 ₰—
Cambray, la piece cy-devant taxée, douze fols six deniers. ——ℒ—ß 12 ₰ 6
        Et pour la nouvelle reapreciation, deux fols six deniers. ℒ—ß 2 ₰ 6
Camelots de foye de Veniſe, la livre y-devant taxée, vingt-trois
    fols.————————————————ℒ 1 ß 3 ₰—
        Et pour la nouvelle reapreciation, voyez *Tabis.*
Camelots de Soye rouges cramoiſis de Veniſe, Florence, Milan,
    Naples & Lucques, la livre cy-devant taxée, quarante-
    huict fols neuf deniers. ————————————ℒ 2 ß 8 ₰ 9
        Et pour la nouvelle reapreciatió, voyez cy-apres *Taffetas.*
Camelots de foye violets, ou incarnats cramoiſis, la livre cy--
    devant taxée, trente-neuf fols. ————————ℒ 1 ß 19 ₰—
        Et pour la nouvelle reapreciation, trois fols. ————ℒ—ß 3 ₰—
Camelots à ondes, ou tapis de Veronne, tant vuides que fans
    vuides, contenant la balle cinquante-quatre pieces ou
    enuiron, cy-devant taxez, treize liures quinze fols. ——ℒ 13 ß 15 ₰—
        Et pour la nouvelle reapreciation, la piece cinq fols. ℒ—ß 5 ₰—
Camelots de l'Iſle, ou d'Arras, fans foye, la piece cy-devant taxée,
    quatre fols six deniers. ————————————ℒ—ß 4 ₰ 6
        Et pour la nouvelle reapreciation, deux fols six deniers. ℒ—ß 2 ₰ 6
Camelots de Levant, la balle cy-devant taxée, treize liures
    quinze fols. ————————————————ℒ 13 ß 15 ₰—
        Et pour la nouvelle reapreciation, la piece, cinq fols. ℒ—ß 5 ₰—
Camelots de Leuant, la piece cy-devant taxée, dix fols. ——ℒ—ß 10 ₰—
        Et pour la nouvelle reapreciation, cinq fols. ————ℒ—ß 5 ₰—
Camelots ou Burats teints en foye, la piece cy-devant taxée, dix
    fols. ————————————————ℒ—ß 10 ₰—

Et

Et pour la nouvelle reapreciation, cinq fols. ———— £—ß 5 ß—

Camelots d'Anduena, la piece cy-devant taxée, deux fols fix
  deniers. ————————————— £—ß 2 ß 6

Et pour la nouvelle reapreciation, deux fols cinq deniers £—ß 2 ß 5

Camelots my-foye, la livre cy-devant taxée, neuf fols un denier. £—ß 9 ß 1

Et pour la nouvelle reapreciation, deux fols. ———— £—ß 2 ß—

Camelots ou Burats my-foye, & autres lieux de Flandres, la liure
  cy-devant taxée, neuf fols un denier. ————— £—ß 9 ß 1

Et pour la nouvelle reapreciation, deux fols. ——— £—ß 2 ß—

Camifolle de foye avec peu d'or aux bords, doit vingt-huict fols. £ 1 ß 8 ß—

Et pour la nouvelle reapreciation, huict fols. ——— £—ß 8 ß—

Camifette picquée avec taffetas ou fatins, la piece cy-devant taxée, cinq fols. ————————————— £—ß 5 ß—

Et pour la nouvelle reapreciation, deux fols ———— £—ß 2 ß—

Camifette picquée couverte de cottonine ou botane, la piece
  cy-devant taxée, trois fols. ———————— £—ß 3 ß—

Et pour la nouvelle reapreciation, deux fols. ——— £—ß 2 ß—

Cabacts de jonc, & autres, la balle cy-devant taxée, cinq fols. —£—ß 5 ß—

Et pour la nouvelle reapreciation, deux fols. ——— £—ß 2 ß—

Corbeilles d'ozier & efcouue, la balle cy-devant taxée, fix fols. £—ß 6 ß—

Et pour la nouvelle reapreciation, deux fols. ——— £—ß 2 ß—

Canetille d'or, la livre cy-devant taxée, trois livres. ——— £ 3 ß—ß—

Et pour la nouvelle reapreciation, cinq fols. ——— £—ß 5 ß—

Canabafettes rayées de foye, la piece cy-devant taxée, dix fols. £—ß 10 ß—

Et pour la nouvelle reapreciation, trois fols. ——— £—ß 3 ß—

Canabafettes fans foye, la piece cy-devant taxée, quatre fols fix
  deniers. ———————————————— £—ß 4 ß 6

Et pour la nouvelle reapreciation, un fol fix deniers.—£—ß 1 ß 6

Canons d'Arquebufes de France, la balle cy-devant taxée, dix
  fols. ————————————————— £—ß 10 ß—

Et pour la nouvelle reapreciation, le cent pefant, cinq
  fols. ————————————————— £—ß 5 ß—

Canons êtrangers, la balle cy-devât taxée, cinq livres quinze fols. £ 5 ß 15 ß—

Et pour la nouvelle reapreciation, le cent pefant, quinze fols. ———————————————— £—ß 15 ß—

Capiton ou cofte de foye, la balle cy-devant taxée, fix livres. £ 6 ß—ß—

Et pour la nouvelle reapreciation, le cent pefant, quarante fols. ———————————————— £ 2 ß—ß—

Capres Bufenne, le quintal pour tous droicts, cy-devant taxé,
  quarante-neuf fols trois deniers. ————— £ 2 ß 9 ß 3

Et pour la nouvelle reapreciation, dix fols. ———— £—ß 10 ß—

Capres, le quintal pour les quatre pour cent, le baril cy-devant
  taxé, quatre fols. ———————————— £—ß 4 ß—

Et pour la nouvelle reapreciation, un fol. ———— £—ß 1 ß—

Caraffes,

Caraſſes, la balle cy-devant taxée, ſept ſols ſix deniers. ——£—ß 7 § 6
    Et pour la nouvelle reapreciation, deux ſols. ——£—ß 2 §—
Cardon, la balle cy-devant taxée, ſept ſols ſix deniers. ——£—ß 7 § 6
    Et pour la nouvelle reapreciation, deux ſols ſix deniers. £—ß 2 § 6
Carizes d'Angleterre, la piece cy-devant taxée, onze ſols ſix
    deniers. ————————£—ß 11 § 6
    Et pour la nouelle reapreciation, huict ſols ſix deniers. £—ß 8 § 6
Cartes fines, la balle cy devant taxée, douze ſols. ——£—ß 12 §—
    Et pour la nouvelle reapreciation, le cent, cinq ſols. £—ß 5 §—
Cartes maîtreſſes, la balle cy-devant taxée, huict ſols. ——£—ß 8 §—
    Et pour la nouvelle reapreciation, le cent, trois ſols. £—ß 3 §—
Caſſes à frire, le quintal cy-devant taxé, cinq ſols ——£—ß 5 §—
    Et pour la nouvelle reapreciation, deux ſols. ——£—ß 2 §—
Chamois habillez en blanc ou en jaune, la douzaine cy-devant
    taxée, treize ſols ſix deniers, ————————£—ß 13 § 6
    Et pour la nouvelle reapreciation, cinq ſols. ——£—ß 5 §—
Chanvre crud du pays, le quintal cy-devant taxé, un ſol. ——£—ß 1 §—
    Et pour la nouvelle reapreciation, deux ſols ſix deniers. £—ß 2 § 6
    L'Eſtranger, cy-devant taxé, un ſol neuf deniers. ——£—ß 1 § 9
    Et pour la nouvelle reapreciation, cinq ſols. ——£—ß 5 §—
Chanvre peigné, le quintal cy-devant taxé, deux ſols. ——£—ß 2 §—
    Et pour la nouvelle reapreciation, ſix ſols. ——£—ß 6 §—
    L'Eſtranger peigné & battu, le quintal cy-devant taxé,
    trois ſols ſix deniers. ————————£—ß 3 § 6
    Et pour la nouvelle reapreciation, douze ſols. ——£—ß 12 §—
Chapeaux de Montpellier, Romans, & autres ſemblables, la
    balle cy-devant taxée, trente ſols. ——£ 1 ß 10 §—
    Et pour la nouvelle reapreciation, ————————neant.
Chapeaux d'Eſpagne, la balle cy-devant taxée, ſix livres. —£ 6 ß—§—
    Et pour la nouvelle reapreciation, ————————neant.
Chapeaux d'Auvergne, la balle cy-devant taxée, quinze ſols. £—ß 15 §—
    Et pour la nouvelle reapreciation, cinq ſols. ——£—ß 5 §—
Chapeaux de Lorraine, la douzaine payera trois ſols. ——£—ß 3 §—
    Et pour la nouvelle reapreciation, ————————neant.
Chapeaux de Provence fins, la balle cy-devant taxée, trente ſols. £ 1 ß 10 §—
    Et pour la nouvelle reapreciation, ————————neant.
Chapeaux à poil de ſoye, la douzaine cy-devant taxée, trois
    livres. ————————£ 3 ß—§—
    Et pour la nouvelle reapreciation, quarante ſols. ——£ 2 ß—§—
Chapelets, & autres Merceries de S. Claude, la balle cy-devant
    taxée, onze ſols. ————————£—ß 11 §—
    Et pour la nouvelle reapreciation, le cent, douze ſols. £—ß 12 §—
Chauſſes de ſoye, la livre cy-devant taxée, quatorze ſols. —£—ß 14 §—
    Et pour la nouvelle reapreciation, deux ſols. ——£—ß 2 §—

22

Le Cramoysi, la livre cy-devant taxée, quarante-huit sols neuf
 deniers. ——————————————————————£ 2 ß 8 ß 9
  Et pour la nouvelle reapreciation, ————————neant.
Chemise, ou jacque de maille, la piece cy-devant taxée, douze
 sols. ——————————————————£—ß 12 ß—
  Et pour la nouvelle reapreciation, ————————neant.
Chemisette de soye avec or par tout, la livre cy-devant taxée,
 cinquante-six sols. ————————————£ 2 ß 16 ß—
  Et pour la nouvelle reapreciation, quatre sols. ——£—ß 4 ß—
Chainettes, le quintal cy-devant taxé, vingt sols. ——£ 1 ß—ß—
  Et pour la nouvelle reapreciation, cinq sols. ——£—ß 5 ß—
Chevelieres, le quintal cy-devant estimé & taxé, sept sols six den. £—ß 7 ß 6
  Et pour la nouvelle reapreciation, deux sols six deniers. £—ß 2 ß 6
Chevres accoustrées en Chamois, la douzaine cy-devant taxée,
 sept sols. ————————————————£—ß 7 ß—
  Et pour la nouvelle reapreciation, cinq sols. ——£—ß 5 ß—
Chevrotins, la balle cy-devant taxée, dix sols. ——£—ß 10 ß—
  Et pour la nouvelle reapreciation, chacun cent, cinq sols. £—ß 5 ß—
Coiffes de soye, la livre cy-devant taxée, quatorze sols. ——£—ß 14 ß—
  Et pour la nouvelle reapreciation, deux sols. ——£—ß 2 ß—
Coiffes avec or ou argent, la livre, quatorze sols. ——£—ß 14 ß—
  Et pour la nouvelle reapreciation, deux sols. ——£—ß 2 ß—
Cloux, Crosses, à gros ouvrages de fer, le quintal cy-devant taxé,
 deux sols. ————————————————£—ß 2 ß—
  Et pour la nouvelle reapreciation, six sols. ——£—ß 6 ß—
Codes, ou pierres émouloires, la balle cy-devant taxée, dix sols. £—ß 10 ß—
  Et pour la nouvelle reapreciation, trois sols. ——£—ß 3 ß—
Collets de buffles, la piece cy-devant taxée, cinq sols. ——£—ß 5 ß—
  Et pour la nouvelle reapreciation, cinq sols. ——£—ß 5 ß—
Collets de chemises manufacturez en Flandres, la douzaine cy-
 devant taxée, dix sols. ————————————£—ß 10 ß—
  Et pour la nouvelle reapreciation, dix sols. ——£—ß 10 ß—
Collets, gazes & coiffes, crespelines, la livre cy-devant taxée,
 trente-six sols. ————————————£ 1 ß 16 ß—
  Et pour la nouvelle reapreciation, cinq sols. ——£—ß 5 ß—
Collets de chemises de France, la douzaine cy-devant taxée,
 cinq sols. ——————————————————£—ß 5 ß—
  Et pour la nouvelle reapreciation, deux sols six deniers. £—ß 2 ß 6
Contrepointes, ou Lodiers venans de Bourgongne, la douzai-
 ne cy-devant taxée, douze sols. ————————£—ß 12 ß—
  Et pour la nouvelle reapreciation, trois sols. ——£—ß 3 ß—
Corbeilles, la douzaine cy-devant taxée, cinq deniers. ——£—ß—ß 5
  Et pour la nouvelle reapreciation, sept deniers. ——£—ß—ß 7
Cordes étrangeres, le quintal cy-devant taxé, trois sols six den. £—ß 3 ß 6

Et

Et pour la nouvelle reapreciation, quatre fols. ——— ℒ — ß 4 ꝏ —

Cordes du Royaume, cy-devant taxées, deux fols. ——— ℒ — ß 2 ꝏ —

Et pour la nouvelle reapreciation, trois fols. ——— ℒ — ß 3 ꝏ —

Cordes ou Carraffes, la balle cy-devant taxée, fept fols fix den. ℒ — ß 7 ꝏ 6

Et pour la nouvelle reapreciation, deux fols. ——— ℒ — ß 2 ꝏ —

Cordes, la balle cy-devant taxée, fept fols fix deniers. ——— ℒ — ß 7 ꝏ 6

Et pour la nouvelle reapreciation, le cent, trois fols. ℒ — ß 3 ꝏ —

Cordes de Luth, la quaiffe pefant quinze livres, cy-devant
    taxée, quinze fols. ——————— ℒ — ß 15 ꝏ —

Et pour la nouvelle reapreciation, trente fols. ——— ℒ 1 ß 10 ꝏ —

Cordes d'Arquebufes, le quintal cy-devant taxé, cinq fols. ——— ℒ — ß 5 ꝏ —

Et pour la nouvelle reapreciation, ———————————neant.

Cordillats, Cadis du Creft, Provence, Languedoc, Dauphiné,
    & Caftre, la charge cy-devant taxée, quatre livres. ℒ 4 ß — ꝏ —

Et pour la nouvelle reapreciation, le cent, quinze fols. ℒ — ß 15 ꝏ —

Et le quintal cy-devant taxé, vingt-fix fols huit deniers. ℒ 1 ß 6 ꝏ 8

Et pour la nouvelle reapreciation; ——————à proportion.

Cordillats & Reverche de Roüergue & du Puy, la charge cy-
    devant taxée, quarante-cinq fols. ——— ℒ 2 ß 5 ꝏ —

Et pour la nouvelle reapreciation, dix fols. ——— ℒ — ß 10 ꝏ —

Cornes de Cerf, le quintal cy-devant taxé, trois fols. ——— ℒ — ß 3 ꝏ —

Et pour la nouvelle reapreciation, un fol fix deniers. ℒ — ß 1 ꝏ 6

L'Etrangere cy-devant taxée, quatre fols trois deniers. ℒ — ß 4 ꝏ 3

Et pour la nouvelle reapreciation, un fol. ———— ℒ — ß 1 ꝏ —

Cornes d'Angleterre pour faire Lanternes, la balle payera trois
    livres cinq fols. ——————— ℒ 3 ß 5 ꝏ —

Et pour la nouvelle reapreciation, quinze fols. ——— ℒ — ß 15 ꝏ —

Corfelets dorez, la piece cy-devant taxée, trente-deux fols fix
    deniers. ————————————— ℒ 1 ß 12 ꝏ 6

Et pour la nouvelle reapreciation, ——————————neant.

Cotton filé fin, le quintal cy-devant taxé, trente fols. ——— ℒ 1 ß 10 ꝏ —

Et pour la nouvelle reapreciation, trois livres dix fols. ℒ 3 ß 10 ꝏ —

Cotton filé, le quintal cy-devant taxé, vingt-un fols. ——— ℒ 1 ß 1 ꝏ —

Et pour la nouvelle reapreciation, trente-un fols. — ℒ 1 ß 11 ꝏ —

Cotton en laine, le quintal cy-devant taxé, neuf fols neuf den. ℒ — ß 9 ꝏ 9

Et pour la nouvelle reapreciation, dix fols trois deniers. ℒ — ß 10 ꝏ 3

Cotton de Limoges, le quintal cy-devant taxé, trente-cinq fols.
    fix deniers. ——————————— ℒ 1 ß 15 ꝏ 6

Et pour la nouvelle reapreciation, cinq fols. ——— ℒ — ß 5 ꝏ —

Coucons de foye, la balle cy-devãt taxée, vingt-trois fols fix den. ℒ 1 ß 3 ꝏ 6

Et pour la nouvelle reapreciation, douze fols fix deniers. ℒ — ß 12 ꝏ 6

Coupes d'Acier de Limoges, & autres de France, le quintal
    cy-devant taxé, cinq fols. ——————— ℒ — ß 5 ꝏ —

Et pour la nouvelle reapreciation, un fol. ——— ℒ — ß 1 ꝏ —

Couppes

24

Couppes d'Acier de Touraine, le quintal cy-devant taxé, huiĉt £—ß 8 ß—
    fols. ⸺
        Et pour la nouvelle reapreciation, deux fols. ⸺ £—ß 2 ß—
Coufteaux de Tiers & autres, la charge cy-devant taxée, dix-
    fept fols fix deniers.⸺ £—ß 17 ß 6
        Et pour la nouvelle reapreciation, cinq fols. ⸺ £—ß 5 ß—
Coutils ou Flaines de Normandie, la charge cy-devant taxée,
    cinq livres. ⸺ £ 5 ß—ß—
        Et pour la nouvelle reapreciation, le cent pefant, dix
    fols. ⸺ £—ß 10 ß—
Coutils rayez de foye, la piece cy-devant taxée, dix fols. ⸺ £—ß 10 ß—
        Et pour la nouvelle reapreciation, deux fols. ⸺ £—ß 2 ß—
Coutils fans foye, la piece cy-devant taxée, quatre fols fix den. £—ß 4 ß 6
        Et pour la nouvelle reapreciation, deux fols fix deniers. £—ß 2 ß 6
Couvertes de Montpellier, d'Avignon, & autres femblables, la
    charge cy-devant taxée, trois livres. ⸺ £ 3 ß—ß—
        Et pour la nouvelle reapreciation, le cent pefant, quin-
    ze fols. ⸺ £—ß 15 ß—
Couvertes de laine d'Auvergne, la charge cy-devant taxée,
    vingt fols. ⸺ £ 1 ß—ß—
        Et pour la nouvelle reapreciation, le cent pefant, cinq
    fols. ⸺ £—ß 5 ß—
Couvertes groffes, de poil de Chevre ou de Chien, la charge
    cy-devant taxée, douze fols. ⸺ £—ß 12 ß—
        Et pour la nouvelle reapreciation, trois fols. ⸺ £—ß 3 ß—
Couvertes de Montpellier, la balle cy-devant taxée, trente fols. £ 1 ß 10 ß—
        Et pour la nouvelle reapreciation, le cent pefant,
    quinze fols. ⸺ £—ß 15 ß—
Couvertes à poil de Chien de Lorraine, la piece, un fol. ⸺ £—ß 1 ß—
        Et pour la nouvelle reapreciation, un fol. ⸺ £—ß 1 ß—
Couvertes de Cottonine piquées, la piece cy-devant taxée,
    une livre. ⸺ £ 1 ß—ß—
        Et pour la nouvelle reapreciation, cinq fols. ⸺ £—ß 5 ß—
Couvertes de poil de Chien, la charge cy-devant taxée, dou-
    ze fols. ⸺ £—ß 12 ß—
        Et pour la nouvelle reapreciation, ⸺ neant.
Couvertes piquées avec taffetas, la piece, voyez *Vannes de taf-
    fetas.* ⸺
Couvertes de Catalogne, d'Efpagne, cy-devant taxées, trois liv. £ 3 ß—ß—
        Et pour la nouvelle reapreciation, trois fols. ⸺ £—ß 3 ß—
        Et la piece cy-devant taxée, fept fols fix deniers. ⸺ £—ß 7 ß 6
        Et pour la nouvelle reapreciation, trois fols. ⸺ £—ß 3 ß—
Cordes à faire moureaux, la balle cy-devant taxée, huiĉt fols. £—ß 8 ß—
        Et pour la nouvelle reapreciation, deux fols. ⸺ £—ß 2 ß—

Crin

Crin de Cheval , le quintal cy-devant taxé , huict fols. ————£—ß 8 ß——
    Et pour la nouvelle reapreciation , deux fols. ————£—ß 2 ß——
Crefpe de cotton , cy-devant la charge eftimée & taxée , neuf
    liures. ——————————————————————£ 9 ß——ß——
    Et pour la nouvelle reapreciation , le cent , vingt fols.£ 1 ß——ß——
Crefpe de foye, la liure cy-devant taxée, cinquante-quatre fols.£ 2 ß14ß——
    Et pour la nouvelle reapreciation , ————————————neant.
Crefpe crud , la livre cy-devant taxée , trois fols. ————£—ß 3 ß——
    Et pour la nouvelle reapreciation , un fol. ————£—ß 1 ß——
Crefpon de Naples , cy-devant taxé,dix-neuf fols neuf deniers.£—ß19ß 9
    Et pour la nouvelle reapreciation,huit fols trois deniers.£—ß 8 ß 3
Cryftal brut , le quintal cy-devant taxé , trente fols. ————£ 1 ß10ß—-
    Et pour la nouvelle reapreciation , dix fols. ————£—ß10ß——
Cryftal , le quintal cy-devant taxé , cinq liures. ————£ 5 ß——ß——
    Et pour la nouvelle reapreciation , vingt fols. ————£ 1 ß——ß——
Croye blanche & autres , le quintal cy-devant taxé , deux fols
    fix deniers. ——————————————————£—ß 2 ß 6
    Et pour la nouvelle reapreciation , un fol. ————£—ß 1 ß——
Croifeaux d'Angleterre , la piece cy-devant taxée , onze fols
    fix deniers. ——————————————————£—ß11ß 6
    Et pour la nouvelle reapreciation, trois fols fix deniers.£—ß 3 ß 6
Croifeaux de Valence felin , la piece cy-devant taxée , cinq
    fols neuf deniers. ————————————————£—ß 5 ß 9
    Et pour la nouvelle reapreciation , trois fols trois de-
    niers. ——————————————————£—ß 3 ß 3
Crofets pour les Orphevres , la charge cy-devant taxée , qua-
    tre fols. ————————————————£—ß 4 ß——
    Et pour la nouvelle reapreciation , un fol. ————£—ß 1 ß——
Croifettes rayées de foye , la livre cy-devant taxée , fept fols
    fix deniers. ——————————————————£—ß 7 ß 6
    Et pour la nouvelle reapreciation , deux fols fix deniers.£—ß 2 ß 6
Croifettes de laine , la piece cy-devant taxée , quatre fols fix
    deniers. ——————————————————£—ß 4 ß 6
    Et pour la nouvelle reapreciation , deux fols. ————£—ß 2 ß——
Croifettes de laine rayées , la piece cy-devant taxée , quatre
    fols fix deniers. ——————————————————£—ß 4 ß 6
    Et pour la nouvelle reapreciation , deux fols. ————£—ß 2 ß——
Cuillieres de fer , la douzaine cy-devant taxée , trois deniers.£—ß——ß 3
    Et pour la nouvelle reapreciation , trois deniers. ——£—ß——ß 3
Cuirs de Bœuf, Vache, Brave , pelus , l'un portant l'autre ,
    la piece cy-devant taxée , un fol. ————————£—ß 1 ß——
    Et pour la nouvelle reapreciation , deux fols. ——£—ß 2 ß——
    L'Eftranger , la piece cy-devant taxée , un fol neuf den.£—ß 1 ß 9
    Et pour la nouvelle reapreciation , trois fols. ————£—ß 3 ß——

Cuir tanné & habillé, le quintal cy-devant taxé, quatre fols. —ℓ—ß 4 ₰—
    Et pour la nouvelle reapreciation, douze fols. —ℓ—ß 12 ₰—
Cuivre tiré d'or, la livre cy-devant taxée, quatre fols. —ℓ—ß 4 ₰—
    Et pour la nouvelle reapreciation, deux fols. —ℓ—ß 2 ₰—
Cuivre tiré en verge, le quintal cy-devant taxé, douze fols. ℓ—ß 12 ₰—
    Et pour la nouvelle reapreciation, dix-huiĉt fols. —ℓ—ß 18 ₰—
Cuivre d'Alemagne, ou rozette, le quintal cy-devant taxé, neuf
    fols. —ℓ—ß 9 ₰—
    Et pour la nouvelle reapreciation, vingt-un fols. —ℓ 1 ß 1 ₰—
Cuivre, le quintal cy-devant taxé, huiĉt fols. —ℓ—ß 8 ₰—
    Et pour la nouvelle reapreciation, vingt-deux fols. —ℓ 1 ß 2 ₰—
Cuivre ou Leton vieux ou rompu, le quintal cy-devant taxé,
    cinq fols. —ℓ—ß 5 ₰—
    Et pour la nouvelle reapreciation, dix fols. —ℓ—ß 10 ₰—
Cottonines, la piece cy-devant taxée, deux fols. —ℓ—ß 2 ₰—
    Et pour la nouvelle reapreciation, six deniers. —ℓ—ß—₰ 6
Coquilles de Nacre, la caiſſe cy-devant taxée, trois livres. —ℓ 3 ß—₰—
    Et pour la nouvelle reapreciation, —neant.
Chapeaux garnis, la douzaine payera quatre fols. —ℓ—ß 4 ₰—
    Et pour la nouvelle reapreciation, huiĉt fols. —ℓ—ß 8 ₰—
Carlets, la piece cy-devant taxée, quatre fols six deniers. —ℓ—ß 4 ₰ 6
    Et pour la nouvelle reapreciation, un fol six deniers. ℓ—ß 1 ₰ 6
Camiſettes de cottonnine piquées de ſatin & taffetas, cy-devant
    taxées, cinq fols. —ℓ—ß 5 ₰—
    Et pour la nouvelle reapreciation, trois fols. —ℓ—ß 3 ₰—
Cadits & Cordillats d'Eſpagne, la balle cy-devant taxée, trois
    livres. —ℓ 3 ß—₰—
    Et pour la nouvelle reapreciation, vingt fols. —ℓ 1 ß—₰—
Chapeaux de Caſtor, la piece garnis ou non garnis, vingt fols. ℓ 1 ß—₰—
Cordons d'or & d'argent, la douzaine, trente-six fols. —ℓ 1 ß 16 ₰—
Cordons d'or & d'argent faux, la douzaine, deux fols six
    deniers. —ℓ—ß 2 ₰ 6
Chandelles de ſuif, ou Suif, le quintal, dix fols. —ℓ—ß 10 ₰—
Chevaux d'Eſpagne au deſſous de quatre-vingts dix liures de
    valeur, quatre liures dix fols. —ℓ 4 ß 10 ₰—
    Et au deſſus de quatre-vingts dix liures, payeront huiĉt
    liures. —ℓ 8 ß—₰—

D

DAttes, pour les quatre pour cent cy-devant taxez , dix ſols. ₤—ß 10 ß—

    Et pour la nouvelle reapreciation , deux ſols. ₤—ß 2 ß—

Dictemus , le quintal cy-devant taxé , douze ſols. ₤—ß 12 ß—

    Et pour la nouvelle reapreciation , dix ſols. ₤—ß 10 ß—

    Pour les quatre pour cent cy-devant taxez , treize ſols trois deniers. ₤—ß 13 ß 3

    Et pour la nouvelle reapreciation , vingt-quatre ſols. ₤ 1 ß 4 ß—

Decus Creticus, le quintal cy-devant taxé, deux liures deux ſols ſix deniers. ₤ 2 ß 2 ß 6

    Et pour la nouvelle reapreciation , neant.

    Pour les quatre pour cent cy-devant taxez, cinq liures. ₤ 5 ß— ß—

    Et pour la nouvelle reapreciation , neant.

Drogueries cy-devant taxées , cinq liures deux ſols ſix deniers. ₤ 5 ß 2 ß 6

    Et pour la nouvelle reapreciation , neant.

Marchandiſes.

Dails de Piedmont, & autres, le cent peſant, cy-devant taxé , vingt-ſept ſols. ₤ 1 ß 7 ß—

    Et pour la nouvelle reapreciation , ſix ſols. ₤—ß 6 ß—

Dagues , la douzaine cy-devant taxée, un ſol. ₤—ß 1 ß—

    Et pour la nouvelle reapreciation , voyez *Allemelles.*

    L'eſtranger cy-devant taxé , un ſol ſix deniers. ₤—ß 1 ß 6

    Et pour la nouvelle reapreciation , *Idem*

Damas à florettes d'or & d'argent & ſoye, la liure cy-devant ta-xée , quarante-cinq ſols trois deniers. ₤ 2 ß 5 ß 3

    Et pour la nouvelle reapreciation , dix ſols. ₤—ß 10 ß—

Damas auec or ou argent , la liure cy-devant taxée , trente-ſix ſols. ₤ 1 ß 16 ß—

    Et pour la nouvelle reapreciation , huit ſols. ₤—ß 8 ß—

Damas de Florence, Boulongne & Naples , la liure cy-devant taxée , dix-neuf ſols neuf deniers. ₤—ß 19 ß 9

    Et pour la nouvelle reapreciation , cinq ſols. ₤—ß 5 ß—

Damas de Gennes, la liure cy-devant taxée , dix-huict ſols quatre deniers. ₤—ß 18 ß 4

    Et pour la nouvelle reapreciation , cinq ſols. ₤—ß 5 ß—

Pour le mandement, pour piece cy-devant taxé, trois
livres. ———————————— £ 3 ß — ᵹ —
Et pour la nouvelle reapreciation, ——————— neant.
Damas de Lucques, la livre cy-devant taxée, dix-sept sols trois
deniers. ———————————— £ — ß 17 ᵹ 3
Et pour la nouvelle reapreciation, cinq sols. —— £ — ß 5 ᵹ —
Damas de Milan, la liure cy-devant taxée, dix-huict sols trois
deniers. ———————————— £ — ß 18 ᵹ 3
Et pour la nouvelle reapreciation, six sols. —— £ — ß 6 ᵹ —
Damas de Venise, la liure cy-devant taxée, vingt-quatre sols. £ 1 ß 4 ᵹ —
Et pour la nouvelle reapreciation, huict sols. —— £ — ß 8 ᵹ —
Damas de soye rouge cramoisy, quarante-huict sols neuf deniers. £ 2 ß 8 ᵹ 9
Et pour la nouvelle reapreciation, huict sols trois deniers. £ — ß 8 ᵹ 3
Damas violet, ou incarnat cramoisy, de toutes sortes, la liure
cy-devant taxée, trente-neuf sols. ———— £ 1 ß 19 ᵹ —
Et pour la nouvelle reapreciation, neuf sols. —— £ — ß 9 ᵹ —
Deuves, ostades & satines de toutes sortes, la piece cy-devant
taxeé, trois sols. ———————— £ — ß 3 ᵹ —
Et pour la nouvelle reapreciation, deux sols. —— £ — ß 2 ᵹ —
L'estranger cy-devant taxé, six sols. ———— £ — ß 6 ᵹ —
Et pour la nouvelle reapreciation, deux sols. —— £ — ß 2 ᵹ —
Draps d'Angleterre, la piece cy-devant taxée, quatre liures. £ 4 ß — ᵹ —
Et pour la nouvelle reapreciation, quarante sols. —— £ 2 ß — ᵹ —
Draps d'Aumalle, le fonds ou charge de quatre quintaux,
cy-devant taxez, cinquante-cinq sols. ——— £ 2 ß 15 ᵹ —
Et pour la nouvelle reapreciation, le cent neuf sols. £ — ß 9 ᵹ —
Le quintal cy-devant taxé, treize sols neuf deniers. £ — ß 13 ᵹ 9
Et pour la nouvelle reapreciation, dix sols. ——— £ — ß 10 ᵹ —
Draps de Bourges, Troyes & Beauvais, le fonds & charge n'ex-
cedant quatre quintaux, cy-devant taxez, six livres. £ 6 ß — ᵹ —
Et pour la nouvelle reapreciation, le cent, vingt sols £ 1 ß — ᵹ —
Draps de Bureaux, Aignis, la charge cy-devant taxée, sept
sols six deniers. ——————— £ — ß 7 ᵹ 6
Et pour la nouvelle reapreciation, le cent dix sols. — £ — ß 10 ᵹ —
Draps de Carcassonne, Languedoc, Valence, Romans & Lyon-
nois, la charge cy-devant taxée, quatre liures. — £ 4 ß — ᵹ —
Et pour la nouvelle reapreciation, le cent, quinze sols. £ — ß 15 ᵹ —
Draps de Castres, la charge cy-devant taxée, quatre liures. — £ 4 ß — ᵹ —
Et pour la nouvelle reapreciation, le cent, quinze sols. £ — ß 15 ᵹ —
Draps de Flandres, la piece cy-devant taxée, quatre liures cinq
sols. ———————————— £ 4 ß 5 ᵹ —
Et pour la nouvelle reapreciation, trente-cinq sols. — £ 1 ß 15 ᵹ —
Draps de gros bureau noir, gris, blanc, la charge cy-devant
taxée, six sols. ———————— £ — ß 6 ᵹ —

Et

Et pour la nouvelle reapreciation, la balle cinq fols. ——ℓ—ß 5 ß——

Draps d'or & d'argent,comme velours en fonds d'or & d'argent,
  la liure cy-devant taxée,quarante-deux fols neuf den.ℓ 2 ß 2 ß 9
Et pour la nouvelle reapreciation, dix fols. ————ℓ—ß 10 ß——

Draps d'or & d'argent,frizes riches,pour tous droits, la liure de
  feize onces poids de marc, cy-devant taxée, quatre
  liures treize fols fix deniers. ————————ℓ 4 ß 13 ß 6
Et pour la nouvelle reapreciation,feize fols trois deniers.ℓ—ß 16 ß 3

Draps d'Orgelet,la balle cy-devant taxée, dix-fept fols fix den.ℓ—ß 17 ß 6
Et pour la nouvelle reapreciation, cinq fols. ——ℓ—ß 5 ß——

Draps de Paris, Vicomté, de toutes fortes, le fond n'excedant
  quatre quintaux, cy-devanttaxez, huiȼt livres. ——ℓ 8 ß—ß——
Et pour la nouvelle reapreciation, le cent, trente fols.ℓ 1 ß 10 ß——

Draps de Parpignan,la piece cy-devât taxée,trois liures dix fols.ℓ 3 ß 10 ß——
Et pour la nouvelle reapreciation, trente fols. ——ℓ 1 ß 10 ß——

Draps de Poiȼtou, Partenay & Nior, le fonds ou ferges, cy-
  devant taxé, cinquante-cinq fols. ————ℓ 2 ß 15 ß——
Et pour la nouvelle reapreciation, le cent, dix fols. ——ℓ—ß 10 ß——

Draps de Rocques, Cabardes, Saint Cofme, & Saint Pons, la
  charge cy-devant taxée, vingt-cinq fols. ———ℓ 1 ß 5 ß——
Et pour la nouvelle reapreciation, le cent, dix fols.ℓ—ß 10 ß——

Draps de Rodez, la balle cy-devant taxée, dix fols. ——ℓ—ß 10 ß——
Et pour la nouvelle reapreciation, le cent cinq fols.——ℓ—ß 5 ß——

Draps de Roüen, le fonds n'excedant quatre quintaux, cy-
  devant taxé, douze livres. ————————ℓ 12 ß—ß——
Et pour la nouvelle reapreciation, le cent, trente fols.ℓ 1 ß 10 ß——

Draps de Troye, le quintal cy-devanttaxé, trente fols.——ℓ 1 ß 10 ß——
Et pour la nouvelle reapreciation, le cent, dix fols. ——ℓ—ß 10 ß——

Draps de Ville franche, ou Roüergue, Uzez, Bezier & Mont-
  real,la charge cy-devant taxée, quarante-cinq fols.ℓ 2 ß 5 ß——
Et pour la nouvelle reapreciatiõ,le cent,fept fols fix den.ℓ—ß 7 ß 6

Draps de Vire,le fonds de quatre quintaux,cy-devant taxé, trois
  liures. ————————————ℓ 3 ß—ß——
Et pour la nouvelle reapreciation, le cent, dix fols. ——ℓ—ß 10 ß——
Le quintal cy-devant taxé, quinze fols. ————ℓ—ß 15 ß——
Et pour la nouvelle reapreciation , dix fols. ————ℓ—ß 10 ß——

Draps du Creft, le quintal cy-devant taxé, vingt-fix fols huiȼt
  deniers ——————————————ℓ 1 ß 6 ß 8
Et pour la nouvelle reapreciation,fix fols quatre deniers.ℓ—ß 6 ß 4

Draps du Puys, Rodez, Mandes, Melun, & autres femblables,
  la charge cy-devant taxée, vingt fols. ————ℓ 1 ß—ß——
Et pour la nouvelle reapreciation, le cent, cinq fols.ℓ—ß 5 ß——

Draps du Seau, le quintal cy-devant taxé, trois livres. ——ℓ 3 ß—ß——
Et pour la nouvelle reapreciation, trente fols. ——ℓ 1 ß 10 ß——

H   Droguez

Droguez, la charge de trois cens, cy-devant taxez, dix-sept sols
    six deniers. ———————————————— ℒ—ß17ξ 6
    Et pour la nouvelle reapreciation, le cent, cinq sols. ℒ—ß 5 ξ—
    La piece cy-devant taxée, deux sols six deniers. ——— ℒ—ß 2 ξ 6
    Et pour la nouvelle reapreciation, voyez cy-dessus. —
Dentelles d'or & d'argent, la livre cy-devant taxée, trente-six
    sols. ——————————————————— ℒ 1 ß 16ξ—
    Et pour la nouvelle reapreciation, douze sols. ——— ℒ—ß12ξ—
Dentelles, Point coupé de Flandres, & autres ouvrages de
    fil dudit pays, la livre, quatre livres. ———— ℒ 4 ß—ξ—
Dentelles de Liege, Lorraine, & du Comté, la livre, quarante sols. ℒ 2 ß—ξ—

Efpiceries & Drogueries.

E

EAu d'Enar & Naphe, la charge cy-devant taxée, trente sols. ℒ 1 ß10ξ—
    Et pour la nouvelle reapreciation, ——————————neant.
Encens, le quintal cy-devant taxé, trente-deux sols six deniers. ℒ 1 ß12ξ 6
    Et pour la nouvelle reapreciation, cinq sols. ——— ℒ—ß 5 ξ—
    Pour les quatre pour cent cy-devant taxez, douze sols. ℒ—ß12ξ—
    Et pour la nouvelle reapreciation, vingt sols. ——— ℒ 1 ß—ξ—
Efcorce de citron confit, le quintal cy-devant taxé, vingt sols. ℒ 1 ß—ξ—
    Et pour la nouvelle reapreciation, vingt sols. ——— ℒ 1 ß—ξ—
Efcorce de Gayat de Levant, le quintal cy-devant taxé, dix sols. ℒ—ß10ξ—
    Et pour la nouvelle reapreciation, deux sols six deniers. ℒ—ß 2 ξ 6
    Pour les quatre pour cent cy-devant taxez, cinq sols.—— ℒ—ß 5 ξ—
    Et pour la nouvelle reapreciation, quinze sols. ——— ℒ—ß15ξ—
Efponges, le quintal cy-devant taxé, douze sols huict deniers. ℒ—ß12ξ 8
    Et pour la nouvelle reapreciation, sept sols six deniers. ℒ—ß 7 ξ 6
    Pour les quatre pour cent cy-devant taxez, trente-
    deux sols. ———————————————— ℒ 1 ß12ξ—
    Et pour la nouvelle reapreciation, ——————————— neant.
Euforbe, le quintal, cy-devant taxé, treize sols trois deniers. ℒ—ß13ξ 3
    Et pour la nouvelle reapreciation, ——————————— neant.
    Pour les quatre pour cent cy-devant taxez, douze sols. ℒ—ß12ξ—
    Et pour la nouvelle reapreciation, quatre sols. ——— ℒ—ß 4 ξ—
Epithimy, le quintal cy-devant taxé, deux sols six deniers. —— ℒ—ß 2 ξ 6
    Et pour la nouvelle reapreciation, treize sols. ——— ℒ—ß13ξ—
Ellebore blanc racine, le quintal cy-devant taxé, deux sols six
    deniers. ———————————————————— ℒ—ß 2 ξ 6

Et

Et pour la nouvelle reapreciation , dix ſols. ———— ℒ—ß 10 ß—
Eau de fleur d'Orange , la quaiſſe cy-devant taxée, quinze ſols. ℒ—ß 15 ß—
Et pour la nouvelle reapreciation , douze ſols. ———— ℒ—ß 12 ß—
Eſcorce de Tamariq, le quintal cy-devant taxé, deux ſols ſix den. ℒ—ß 2 ß 6
Et pour la nouvelle reapreciation , ſix deniers. ———— ℒ—ß— ß 6

◌Marchandiſes.

Ermines , le timbre cy-devant taxé , vingt-cinq ſols. ———— ℒ 1 ß 5 ß—
Et pour la nouvelle reapreciation , deux ſols ſix deniers. ℒ—ß 2 ß 6
Eſcarlatte de Milan , Vincence, & autres lieux d'Italie, la piece
cy-devant taxée , cinq livres cinq ſols. ———— ℒ 5 ß 5 ß—
Et pour la nouvelle reapreciatiõ, trois liures quinze ſols. ℒ 3 ß 15 ß—
Eſcarlatte de Paris , la piece cy-devant taxée , trois liures. ℒ 3 ß— ß—
Et pour la nouvelle reapreciation , vingt ſols. ———— ℒ 1 ß— ß—
Eſcarlatre d'Eſpagne, la piece cy-devãt taxée, ſept liures cinq ſols ℒ 7 ß 5 ß—
Et pour la nouvelle reapreciation , cinquante-cinq ſols. ℒ 2 ß 15 ß—
Eſclappes de Languedoc , la charge cy-devant taxée , ſix ſols. ℒ—ß 6 ß—
Et pour la nouvelle reapreciation , le cent un ſol. ———— ℒ—ß 1 ß—
Eſguilles de Milan, la balle cy-devant taxée, quarante-cinq ſols. ℒ 2 ß 5 ß—
Et pour la nouvelle reapreciation , le cent, dix ſols. ℒ—ß 10 ß—
Eſguilles d'Allemagne, le quintal cy-devant taxé , trois liures
cinq ſols. ———— ℒ 3 ß 5 ß—
Et pour la nouvelle reapreciation , quinze ſols. ———— ℒ—ß 15 ß—
Eſgrette , la liure cy-devant taxée , ſept ſols. ———— ℒ—ß 7 ß—
Et pour la nouvelle reapreciation , deux ſols. ———— ℒ—ß 2 ß—
Eſmail , la quaiſſe cy-devant taxée , cinq liures. ———— ℒ 5 ß— ß—
Et pour la nouvelle reapreciation , le cent , dix ſols. ℒ—ß 10 ß—
Eſmery , le quintal cy-devant taxé , dix ſols. ———— ℒ—ß 10 ß—
Et pour la nouvelle reapreciation , le cent, cinq ſols. ℒ—ß 5 ß—
Epingles, la charge de trois quintaux, cy-devant taxée, vingt ſols. ℒ 1 ß— ß—
Et pour la nouvelle reapreciation , le cent, quinze ſols ℒ—ß 15 ß—
L'eſtrangere cy-devant taxée , trente-huiſt ſols. ———— ℒ 1 ß 18 ß—
Et pour la nouvelle reapreciation , le cent , douze ſols. ℒ—ß 12 ß—
Eſtaing de Milan & autres d'Italie , & autres, la balle cy-devant
taxée , treize liures. ———— ℒ 13 ß— ß—
Et pour la nouvelle reapreciation , le cent, dix ſols. ℒ—ß 10 ß—
Eſtaing petit , la balle cy-devant taxée , trente-cinq ſols. ℒ 1 ß 15 ß—
Et pour la nouvelle reapreciation , le cent , deux ſols. ℒ—ß 2 ß—
Eſtaing de Languedoc , la balle cy-devant taxée , quarante ſols. ℒ 2 ß— ß—
Et pour la nouvelle reapreciation , le cent, huiſt ſols. ℒ—ß 8 ß—
Eſtaing en ſaumon, le quintal cy-devãt taxé, dix-ſept ſols ſix den. ℒ—ß 17 ß 6

Et

Et pour la nouvelle reapreciation, le cent, sept sols
six deniers. ——————————————ℓ—ß 7 ℥ 6

Eſtaing en œuvre, le quintal cy-devant taxé, vingt-cinq ſols. —ℓ 1 ß 5 ℥—

Et pour la nouvelle reapreciation, le cent, dix ſols. —ℓ—ß 10 ℥—

Eſtaing viel, le quintal cy-devant taxé, quinze ſols. ——ℓ—ß 15 ℥—

Et pour la nouvelle reapreciation, trois ſols. ——ℓ—ß 3 ℥—

Eſtamet de Milan, & autres lieux d'Italie, la piece cy-devant
taxée, quarante ſols. ——————————ℓ 2 ß—℥—

Et pour la nouvelle reapreciation, quinze ſols. ——ℓ—ß 15 ℥—

Eſtamet de Milan, la balle cy-devant taxée, treize liures. —ℓ 13 ß—℥—

Et pour la nouvelle reapreciation, le cent trente ſols. ℓ 1 ß 10 ℥—

Eſtamet de Milan cramoiſy, la piece cy-devant taxée, cinq livres cinq ſols. ——————————————ℓ 5 ß 5 ℥—

Et pour la nouvelle reapreciation, vingt-cinq ſols. —ℓ 1 ß 5 ℥—

Eſtamines d'Auvergne, la charge cy-devant taxée, ſeize ſols. ℓ—ß 16 ℥—

Et pour la nouvelle reapreciation, ſeize ſols. ——ℓ—ß 16 ℥—

Le ballon cy-devant taxé, quatre ſols. ——ℓ—ß 4 ℥—

Et pour la nouvelle reapreciation, quatre ſols. ——ℓ—ß 4 ℥—

Eſtamines de Rheims, la piece cy-devant taxée, deux ſols. —ℓ—ß 2 ℥—

Et pour la nouvelle reapreciation, trois ſols. ——ℓ—ß 3 ℥—

Eſteufs, la charge cy-devant taxée, ſix ſols. ——ℓ—ß 6 ℥—

Et pour la nouvelle reapreciation, deux ſols. ——ℓ—ß 2 ℥—

Eſtaches de Galettes de France, la balle cy-devant taxée, treize
ſols ſix deniers. ——————————ℓ—ß 13 ℥ 6

Et pour la nouvelle reapreciation, trois ſols. ——ℓ—ß 3 ℥—

Eſtoupes blanches, le quintal cy-devant taxé, ſix ſols. ——ℓ—ß 6 ℥—

Et pour la nouvelle reapreciation, un ſol. ——ℓ—ß 1 ℥—

Eſtoupes en bourre, le quintal cy-devant taxé, quatre deniers. ℓ—ß—℥ 4

Et pour la nouvelle reapreciation, huiɛt deniers. ——ℓ—ß—℥ 8

L'eſtrangere cy-devant taxée, ſept deniers. ——ℓ—ß—℥ 7

Et pour la nouvelle reapreciation, huiɛt deniers. ——ℓ—ß—℥ 8

Eſtoupes en bourre, la balle de charette cy-devant taxée, quatre ſols. ——————————————ℓ—ß 4 ℥—

Et pour la nouvelle reapreciation, à l'équipolent quatre ſols. ——————————————ℓ—ß 4 ℥—

Eſtoupes du pais, la piece cy-devant taxée, un ſol. ——ℓ—ß 1 ℥—

Et pour la nouvelle reapreciation, un ſol. ——ℓ—ß 1 ℥—

Eſtouperies, la balle êtrangere cy-devant taxée, treize ſols. —ℓ—ß 13 ℥—

Et pour la nouvelle reapreciation, le cent, deux ſols
ſix deniers. ——————————————ℓ—ß 2 ℥ 6

Eſtouperies étrangeres, la piece cy-devant taxée, un ſol neuf den. ℓ—ß 1 ℥ 9

Et pour la nouvelle reapreciation, neuf deniers. ——ℓ—ß—℥ 9

Eſguillettes de ſoye de Paris ou Roüen, la liure cy-devant taxée,
quatre ſols. ——————————————ℓ—ß 4 ℥—

Et

Et pour la nouvelle reapreciation, quatre ſols. ——ʒ—ß 4 ß——
Eau de vie, le quintal, ſeize ſols. —————————————ʒ—ß 16 ß——

Eſpiceries & Drogueries.

F

Fenoil, le quintal cy-devant taxé, trois ſols neuf deniers. ʒ—ß 3 ß 9
    Et pour la nouvelle reapreciation, ſix ſols trois deniers. ʒ—ß 6 ß 3
    Pour les quatre pour cent cy-devant taxez, trois ſols. ʒ—ß 3 ß——
    Et pour la nouvelle reapreciation, treize ſols. ——ʒ—ß 13 ß——
Fleurs de Violettes, & autres, la charge cy-devant taxée, ſept
    ſols ſix deniers. ————————————————ʒ—ß 7 ß 6
    Et pour la nouvelle reapreciation, deux ſols ſix deniers. ʒ—ß 2 ß 6
Folij Indi, le quintal cy-devant taxé, vingt ſols ſix deniers. ——ʒ 1 ß—ß 6
    Et pour la nouvelle reapreciation, cinquante-quatre ſols
    ſix deniers. ————————————————ʒ 2 ß 14 ß 6
Florée, le quintal cy-devant taxé, vingt-deux ſols ſix deniers. ʒ 1 ß 2 ß 6
    Et pour la nouvelle reapreciation, dix-ſept ſols ſix de-
    niers. ——————————————————ʒ—ß 17 ß 6
    Pour les quatre pour cent cy-devant taxez, trois livres. ʒ 3 ß—ß——
    Et pour la nouvelle reapreciation, cinq ſols. ——ʒ—ß 5 ß——
Fuſtet, le quintal cy-devant taxé, quatre deniers. ——ʒ—ß—ß 4
    Et pour la nouvelle reapreciation, un ſol ſix deniers. ʒ—ß 1 ß 6
Florum Carthamy, ou Saffran bâtard, le quintal cy-devant taxé,
    vingt ſols. ——————————————ʒ 1 ß—ß——
    Et pour la nouvelle reapreciation, dix ſols. ——ʒ—ß 10 ß——
Flus d'eſquinant, le quintal cy-devant taxé, douze ſols. ——ʒ—ß 12 ß——
    Et pour la nouvelle reapreciation, trois ſols. ——ʒ—ß 3 ß——
    Pour les quatre pour cent cy-devant taxez, quatorze
    ſols. ——————————————————ʒ—ß 14 ß——
    Et pour la nouvelle reapreciation, dix ſols. ——ʒ—ß 10 ß——
Fleuret d'Inde, pour tous droiĉts, cy-devant taxé, ſept liures. ʒ 7 ß—ß——
    Et pour la nouvelle reapreciation, ——————————neant.
Figues, le quintal, deux ſols ſix deniers. ——————ʒ—ß 2 ß 6

Marchandises.

Flacquieres de Mulets , la charge cy-devant taxée , seize sols. £—ß 16 ß—

    Et pour la nouvelle reapreciation , le cent , quatre sols. £—ß 4 ß—

Faucilles ou Dailles , le cent en nombre cy-devant taxé , vingt-
    sept sols. ——————————————————— , £ 1 ß 7 ß—

    Et pour la nouvelle reapreciation , six sols. ———— £—ß 6 ß—

Faucilles du Royaume , le cent cy-devant taxé , seize sols six
    deniers. ————————————————— £—ß 16 ß 6

    Et pour la nouvelle reapreciation , six sols six deniers. £—ß 6 ß 6

Faux ou Volanes , le quintal cy-devant taxé , quatre sols. —— £—ß 4 ß—

    Et pour la nouvelle reapreciation , dix sols. ——— £—ß 10 ß—

Fellins , la piece cy-devant taxée , cinq sols neuf deniers. —£—ß 5 ß 9

    Et pour la nouvelle reapreciation , un sol trois deniers. £—ß 1 ß 3

Fer en gueuze du pays , cy-devant taxé , huict sols. ———— £—ß 8 ß—

    Et pour la nouvelle reapreciation , le cent , six deniers. £—ß— ß 6

Fer étranger , ou Guise , cy-devant taxé , treize sols. ——— £—ß 13 ß—

    Et pour la nouvelle reapreciation , le cent , un sol. — £—ß 1 ß—

Fer étranger en bandes , le cent de bandes cy-devant taxé ,
    trente-deux sols six deniers. ————— £ 1 ß 12 ß 6

    Et pour la nouvelle reapreciation , le cent , dix sols. —£—ß 10 ß—

Fer bandes doux , le cent cy-devant taxé , vingt sols. ——£ 1 ß— ß—

    Et pour la nouvelle reapreciation , dix sols. ———— £—ß 10 ß—

Fer , tant en petites bandes que souchons , le quintal cy-devant
    taxé , deux sols. ———————————— £—ß 2 ß—

    Et pour la nouvelle reapreciation , un sol six deniers. £—ß 1 ß 6

Fil crud , le quintal cy-devant taxé , six sols ———— £—ß 6 ß—

    Et pour la nouvelle reapreciation , un sol six deniers. £—ß 1 ß 6

Fil crud Estranger , le quintal cy-devant taxé , neuf sols. — £—ß 9 ß—

    Et pour la nouvelle reapreciation , trois sols. ——— £—ß 3 ß—

Fil teint , le quintal cy-devant taxé , sept sols six deniers. — £—ß 7 ß 6

    Et pour la nouvelle reapreciation , quatre sols six deniers. £—ß 4 ß 6

Fil Estranger teint , le quintal cy-devant taxé , douze sols six den. £—ß 12 ß 6

    Et pour la nouvelle reapreciation , quatre sols six den. £—ß 4 ß 6

Fil de balle , le quintal cy-devant taxé , trois sols. ——— £—ß 3 ß—

    Et pour la nouvelle reapreciation , un sol. ———— £—ß 1 ß—

Fil d'estoupe , le quintal cy-devant taxé , deux sols. —— £—ß 2 ß—

    Et pour la nouvelle reapreciation , six deniers. ——— £—ß— ß 6

Fil d'estoupes étrangeres , le quintal cy-devant taxé , deux sols
    six deniers. ——————————————— £—ß 2 ß 6

    Et pour la nouvelle reapreciation , un sol six deniers. —£—ß 1 ß 6

Fil n'estric , le quintal cy-devant taxé , un sol six deniers. — £—ß 1 ß 6

    Et pour la nouvelle reapreciation , six deniers. ——— £—ß— ß 6

Fil de Pallemard , le quintal cy-devant taxé , trois sols. ——£—ß 3 ß—

Et

Et pour la nouvelle reapreciation , un ſol. ——————£—ß 1 ß—

Et l'Eſtranger cy-devant taxé, quatre ſols ſix deniers. ——£—ß 4 ß 6

Et pour la nouvelle reapreciation , un ſol ſix deniers. ——£—ß 1 ß 6

Fil d'Orillac & de Bourgongne blanc,le quintal cy-devant taxé, trente ſols. ————————£ 1 ß10ß—

Et pour la nouvelle reapreciation , cinq ſols. ————£—ß 5 ß—

Fil blanc du pays,le quintal cy-devant taxé,ſept ſols ſix deniers.£—ß 7 ß 6

Et pour la nouvelle reapreciation, deux ſols ſix deniers.£—ß 2 ß 6

Fil d'eſpine de Flandres, le quintal cy-devant taxé , trois liures cinq ſols. ————————————£ 3 ß 5 ß—

Et pour la nouvelle reapreciation, trente-cinq ſols. —£ 1 ß15 ß—

Fil blanc façon d'eſpine de France , le quintal cy-devant taxé , trente ſols. ——————————£ 1 ß10ß—

Et pour la nouvelle reapreciation , trente ſols. ——£ 1 ß10ß—

Fil d'eſtoupes blanches, le quintal cy-devant taxé , ſix ſols. —£—ß 6 ß—

Et pour la nouvelle reapreciation , trois ſols. ————£—ß 3 ß—

Fil d'arbaleſtre , la quaiſſe cy-devant taxée , huiɛt ſols. ——£—ß 8 ß—

Et pour la nouvelle reapreciation, deux ſols. ————£—ß 2 ß—

Fil de Bretagne, le quintal cy-devant taxé, vingt ſols. ——£ 1 ß—ß—

Et pour la nouvelle reapreciation , ſix ſols. ————£—ß 6 ß—

Fil de fer de toutes ſortes de France, le quintal cy-devant taxé, ſix ſols quatre deniers. ——————————£—ß 6 ß 4

Et pour la nouvelle reapreciation , cinq ſols huiɛt den.£—ß 5 ß 8

Fil d'Archal d'Allemagne, le quintal cy-devant taxé, huiɛt ſols.£—ß 8 ß—

Et pour la nouvelle reapreciation , huiɛt ſols. ————£—ß 8 ß—

Fil de laine pour Eſtamines , la charge cy-devant taxée , quinze ſols. ————————————£—ß15ß—

Et pour la nouvelle reapreciation , trente ſols. ——£ 1 ß10ß—

Fil de fer de toutes ſortes d'Italie, le quintal cy-devant taxé , trente-deux ſols ſix deniers. ——————£ 1 ß12ß 6

Et pour la nouvelle reapreciation , ——————————neant.

Fil d'or ou d'argent traiɛt, la liure cy-devant taxée , trois livres quinze ſols. ————————£ 3 ß15ß—

Et pour la nouvelle reapreciation , ——————————neant.

Fil de Trevols, le quintal cy-devant taxé , trois ſols. ——£—ß 3 ß—

Et pour la nouvelle reapreciation , deux ſols. ——£—ß 2 ß—

Fil de chainettes, le quintal cy-devant taxé , vingt ſols. ——£ 1 ß—ß—

Et pour la nouvelle reapreciation, deux ſols ſix deniers.£—ß 2 ß 6

Fil de leton , le quintal cy-devant taxé , huiɛt ſols. ——£—ß 8 ß—

Et pour la nouvelle reapreciation, douze ſols. ——£—ß12ß—

Fil d'eſtoupes blanc, le quintal cy-devant taxé , ſix ſols. ——£—ß 6 ß—

Et pour la nouvelle reapreciation , voyez cy-deſſus.

Filozelle & Floret de galette de ſoye, la balle cy-devant taxée, douze liures. ————————£12ß—ß—

Et

Et pour la nouvelle reapreciation, six livres. ———————— £ 6 ß—₰—

Filatrice de Milan, Gennes, & autres, la moitié de ce que payent
les Taffetas defdits lieux. ————————

Et pour la nouvelle reapreciation, voyez *Taffetas*. ——

Filatrice de Milan, le quintal cy-devant taxé, six liures. ——— £ 6 ß—₰—

Et pour la nouvelle reapreciation, voyez cy-deſſus. ——

Fil de leton à faire poignées d'épées, le quintal cy-devant taxé,
trois livres cinq ſols. ——————————— £ 3 ß 5 ₰—

Et pour la nouvelle reapreciation, vingt-cinq ſols. —£ 1 ß 5 ₰—

Fil de liſſe de Milan, le quintal cy-devant taxé, six livres. ——£ 6 ß—₰—

Et pour la nouvelle reapreciation, quatre livres. ———£ 4 ß—₰—

Figures d'albaſtre, le quintal cy-devant taxé, trente ſols. ——£ 1 ß10₰—

Et pour la nouvelle reapreciation, dix ſols. ——£—ß10₰—

Flaines de Flandres, la charge de trois quintaux, cy-devant taxée,
ſept livres. ———————— ——————£ 7 ß—₰—

Et pour la nouvelle reapreciation, le quintal vingt ſols.£ 1 ß—₰—

Flaines du pays de Foreſts, & autres ſemblables, la piece cy-
devant taxée, trois ſols. ——————————£—ß 3 ₰—

Et pour la nouvelle reapreciation, un ſol. ———£—ß 1 ₰—

Et la charge deſdites Flaines cy-devant taxée, cinquante ſols. ——————— —————£ 2 ß10₰—

Et pour la nouvelle reapreciation, ſeize ſols. ——£—ß16₰—

Flaines de Normandie, la charge de trois quintaux cy-devant
taxée, cinq liures. ————————£ 5 ß—₰—

Et pour la nouvelle reapreciation, le cent quinze ſols.£—ß15₰—

Flacques, ou Ceintures garnies de paſſemens d'or & d'argent,
la douzaine cy-devant taxée, vingt-ſept ſols. ———£ 1 ß 7 ₰—

Et pour la nouvelle reapreciation, ——————————neant.

Flaſques de Milan, la douzaine, cy-devant taxée, treize ſols
ſix deniers. ——————————————£—ß13₰ 6

Et pour la nouvelle reapreciation, ——————————neant.

Forces à tondre draps, la piece cy-devant taxée, trois ſols. —£—ß 3 ₰—

Et pour la nouvelle reapreciation, deux ſols. ———£—ß 2 ₰—

Fourreaux d'épées, la charge cy-devant taxée, onze ſols. —£—ß11₰—

Et pour la nouvelle reapreciation, neuf ſols. ———£—ß 9 ₰—

Floret, le quintal cy-devant taxé, huict livres. ———£ 8 ß—₰—

Et pour la nouvelle reapreciation, voyez *Filatrice*

Floret teint, la liure cy-devant taxée, cinq ſols trois deniers.£—ß 5 ₰ 3

Et pour la nouvelle reapreciation, deux ſols neuf den £—ß 2 ₰ 9

Fonte, le quintal cy-devant taxé, huict ſols. ————£—ß 8 ₰—

Et pour la nouvelle reapreciation, deux ſols. ———£—ß 2 ₰—

Franges d'or & d'argent, la liure cy-devant taxée, trois liures
dix-huict ſols. ——————————£ 3 ß18₰—

Et pour la nouvelle reapreciation, ——————————neant.

Franges

Franges de foye, la liure cy-devant taxée, cinq fols neuf deniers. £—ß 5 ð 9
Et pour la nouvelle reapreciation, quatre fols trois den. £—ß 4 ð 3
Frizes d'Angleterre, le fonds n'excedant quatre quintaux, cy-
devant taxez, quatre liures douze fols fix deniers. £ 4 ß 12 ð 6
Et pour la nouvelle reapreciation, le cent pefant, vingt-
fols. ——————————————————— £ 1 ß—ð—
Frizes doubles de Roüen, le quintal cy-devant taxé, quarante
fols. ——————————————————— £ 2 ß—ð—
Et pour la nouvelle reapreciation, quinze fols. ——£—ß 15 ð—
Frizes à l'épée & à la clef, la piece cy-devant taxée, quinze fols. £—ß 15 ð—
Et pour la nouvelle reapreciation, cinq fols. ———£—ß 5 ð—
Fuftailles, la balle de charette cy-devant taxée, quatre fols fix
deniers. ——————————————————— £—ß 4 ð 6
Et pour la nouvelle reapreciation, cinq fols fix den. £—ß 5 ð 6
Fuftailles du pays, cy-devant taxées, deux fols fix deniers. —£—ß 2 ð 6
Et pour la nouvelle reapreciation, deux fols fix deniers. £—ß 2 ð 6
Fuftaines, & Bombafins de Milan & Cremone, la balle cy-de-
vant taxée, fix livres. —————————————— £ 6 ß—ð—
Et pour la nouvelle reapreciation, le cent, quarante fols. £ 2 ß—ð—
Fuftaines de cotton, larges, lavez, la balle cy-devant taxée,
fix livres dix fols. ———————————————— £ 6 ß 10 ð—
Et pour la nouvelle reapreciation, le cent pefant,
vingt fols. ——————————————————— £ 1 ß—ð—
Fuftaines de Quiers, Piedmont, Chambery, de la Comté de
Bourgongne, & autres femblables, la balle cy-devant
taxée, quarante fols. ———————————————— £ 2 ß—ð—
Et pour la nouvelle reapreciation, le cent, dix fols. —£—ß 10 ð—
Et la piece des fufdits Fuftaines, cy-devant taxée, fept fols
fix deniers. ——————————————————— £—ß 7 ð 6
Et pour la nouvelle reapreciation, —————————— à proportion.
Fuftaine de Vvlme, d'Aufbourg, d'Amaffon & Tresfins, la
charge cy-devant taxée, fix livres quinze fols. —£ 6 ß 15 ð—
Et pour la nouvelle reapreciation, vingt fols. ———£ 1 ß—ð—
Et la piece bombazée de Flandres, fept fols fix deniers £—ß 7 ð 6
Et pour la nouvelle reapreciation, deux fols fix deniers. £—ß 2 ð 6
Fuftaine de Belle-ville, & autres, la balle cy-devant taxée,
quinze fols. ——————————————————— £—ß 15 ð—
Et pour la nouvelle reapreciation, cinq fols le cent. £—ß 5 ð—
Feüilles doubles de fer blanc, le cent cy-devant taxé, onze fols. £—ß 11 ð—
Et pour la nouvelle reapreciation, neuf fols. ———£—ß 9 ð—
Feüilles fimples de fer blanc, cy-devant taxées, cinq fols fix
deniers. ——————————————————— £—ß 5 ð 6
Et pour la nouvelle reapreciation, quatre fols fix de-
niers. ——————————————————— £—ß 4 ð 6

K

Fourmages

Fourmages de toutes fortes , le quintal pour tous droicts ,
quinze fols. ——————————————ℓ—ß15ȝ—

Eſpiceries & Drogueries.

G

Galbanum , le quintal cy-devant taxé , treize fols trois den.ℓ—ß13ȝ 3
Et pour la nouvelle reapreciation,quatorze fols neuf den.ℓ— ß14ȝ 9
Pour les quatre pour cent cy-devant taxez,quaráte fols.ℓ 2 ß—ȝ—
Et pour la nouvelle reapreciation , quinze fols. ——ℓ—ß15ȝ—
Galles, tant groſſes que moyennes , le quintal cy-devant taxé ,
treize fols trois deniers. ——————ℓ—ß13ȝ 3
Et pour la nouvelle reapreciation,deux fols neuf deniers.ℓ—ß 2 ȝ 9
Pour les quatre pour cent cy-devant taxez , dix fols.ℓ—ß10ȝ—
Et pour la nouvelle reapreciation , quatorze fols. ——ℓ—ß14ȝ—
Galles legeres de France , le quintal cy-devant taxé , deux fols
ſix deniers. ——————————ℓ—ß 2 ȝ 6
Et pour la nouvelle reapreciation , un fol trois deniers.ℓ—ß 1 ȝ 3
Galles legeres Eſtrangeres, le quintal cy-devant taxé , trois
fols neuf deniers. ——————ℓ—ß 3 ȝ 9
Et pour la nouvelle reapreciation,trois fols neuf deniers.ℓ—ß 3 ȝ 9
Pour les quatre pour cent cy-devant taxez , cinq fols.ℓ—ß 5 ȝ—
Et pour la nouvelle reapreciation , un fol. ——ℓ—ß 1 ȝ—
Galangal fin , le quintal cy-devant taxé , trois liures deux fols
ſix deniers. ——————————ℓ 3 ß 2 ȝ 6
Et pour la nouvelle reapreciation , ——————neant.
Pour les quatre pour cent cy-devant taxez,huict liures.ℓ 8 ß—ȝ—
Et pour la nouvelle reapreciation , ——————neant.
Galonga ſauvage, le quintal cy-devant taxé, trente-un fols trois
deniers. ——————————ℓ 1 ß11ȝ 3
Et pour la nouvelle reapreciation , ——————neant.
Pour les quatre pour cent cy-devant taxez,quatre liures.ℓ 4 ß—ȝ—
Et pour la nouvelle reapreciation , ——————neant.
Garance , le quintal cy-devant taxé , ſept fols. ——ℓ—ß 7 ȝ—
Et pour la nouvelle reapreciation , dix fols ſix deniers.ℓ—ß10ȝ 6
Pour les quatre pour cent cy-devant taxez , deux fols.
huict deniers. ——————————ℓ—ß 2 ȝ 8
Et pour la nouvelle reapreciation , vingt-cinq fols qua-
tre deniers.——————————ℓ 1 ß 5 ȝ 4
Galipot, ou Garibot, ou gros-Encens, le quintal cy-devant

taxé,

taxé, deux sols quatre deniers. ——————————£—ß 2 ℥ 4
Et pour la nouuelle reapreciation, cinq sols. ——————£—ß 5 ℥—
Pour les quatre pour cent cy-devant taxez, trois sols
    quatre deniers. ——————————————£—ß 3 ℥ 4
Et pour la nouuelle reapreciation, huict sols huict den.£—ß 8 ℥ 8
Gayat, le quintal cy-devant taxé, trois sols neuf deniers. ——£—ß 3 ℥ 9
Et pour la nouuelle reapreciation, neuf deniers. ———£—ß—℥ 9
Pour les quatre pour cent cy-devant taxez, deux sols.£—ß 2 ℥—
Et pour la nouuelle reapreciation, trois sols. ——£—ß 3 ℥—
Gingembre, le quintal cy-devant taxé, trois liures deux sols six
    deniers. ————————————————£ 3 ß 2 ℥ 6
Et pour la nouuelle reapreciation, ————————————neant.
Pour les quatre pour cent cy-devât taxez, six liures. —£ 6 ß—℥—
Et pour la nouuelle reapreciation, ————————————neant.
Gingembre, & Poyvre en poussiere, le quintal cy-devant taxé,
    vingt-neuf sols trois deniers. ——————————£ 1 ß 9 ℥ 3
Et pour la nouuelle reapreciation, ——————————neant.
Pour les quatre pour cent cy-devant taxez, trois livres.£ 3 ß—℥—
Et pour la nouuelle reapreciation, ———————————neant.
Gerofle, le quintal cy-devant taxé, trois liures douze sols six den.£ 3 ß 12 ℥ 6
Et pour la nouuelle reapreciation, huict liures sept sols
    six deniers. ——————————————£ 8 ß 7 ℥ 6
Pour les quatre pour cent cy-devant taxez, six livres.£ 6 ß—℥—
Et pour la nouuelle reapreciation, douze livres. ——£ 12 ß—℥—
Glus, le quintal cy-devant taxé, trois sols neuf deniers. ——£—ß 3 ℥ 9
Et pour la nouuelle reapreciation, six sols trois deniers.£—ß 6 ℥ 3
Pour les quatre pour cent cy-devant taxez, cinq sols.£—ß 5 ℥—
Et pour la nouuelle reapreciation, onze sols. ——£—ß 11 ℥—
Gomme Lacque, le quintal cy-devant taxé, trente sols six den.£ 1 ß 10 ℥ 6
Et pour la nouuelle reapreciation, quatre sols six den.£—ß 4 ℥ 6
Pour les quatre pour cent cy-devant taxez, trente-
    deux sols. ————————————————£ 1 ß 12 ℥—
Et pour la nouuelle reapreciation, quatorze sols. ——£—ß 14 ℥—
Gomme Arabicque, le quintal cy-devant taxé, six sols quatre den.£—ß 6 ℥ 4
Et pour la nouuelle reapreciation, deux sols huict den.£—ß 2 ℥ 8
Pour les quatre pour cent cy-devant taxez, six sols
    huict deniers. ——————————————£—ß 6 ℥ 8
Et pour la nouuelle reapreciation, huict sols quatre den.£—ß 8 ℥ 4
Gomme Armoniac, le quintal cy-devant taxé, trente sols six den.£ 1 ß 10 ℥ 6
Et pour la nouuelle reapreciation, sept sols. ——————£—ß 7 ℥—
Pour les quatre pour cent cy-devant taxez, trente sols.£ 1 ß 10 ℥—
Et pour la nouuelle reapreciation, trente sols. ——£ 1 ß 10 ℥—
Gomme Adragant, le quintal cy-devant taxé, quarante-deux
    sols neuf deniers.   £ 2 ß 2 ℥ 9
Et

40

Et pour la nouvelle reapreciation , —————————————neant.
Pour les quatre pour cent cy-devant taxez, vingt fols. £ 1 ß—ß—
Et pour la nouvelle reapreciation , quatre fols. ——£—ß 4 ß—
Gomme hederic , le quintal cy-devant taxé , vingt fols. ——£ 1 ß—ß—
Et pour la nouvelle reapreciation , quarante fols. —£ 2 ß—ß—
Pour les quatre pour cent cy-devant taxez , vingt-neuf
   fols trois deniers. ——————————————£ 1 ß 9 ß 3
Et pour la nouvelle reapreciation , ————————————— neant.
Gomme Sagapenum , le quintal cy-devant taxé , trois livres
   deux fols fix deniers. ————————————£ 3 ß 2 ß 6
Et pour la nouvelle reapreciation , ————————————neant.
Pour les quatre pour cent cy-devant taxez , quatre liv. £ 4 ß—ß—
Et pour la nouvelle reapreciation , —————————————neant.
Gomme de pays, le quintal cy-devant taxé, fix fols trois deniers. £—ß 6 ß 3
Et pour la nouvelle reapreciation , ——————————neant.
Grabeaux de gerofle rompus, le quintal cy-devant taxé , qua-
   rante-fept fols fix deniers. ——————————£ 2 ß 7 ß 6
Et pour la nouvelle reapreciation , deux fols fix deniers. £—ß 2 ß 6
Pour les quatre pour cent cy-devant taxez , trois liures. £ 3 ß—ß—
Et pour la nouvelle reapreciation , vingt fols. ————£ 1 ß—ß—
Graine d'efcarlatte de France, le quintal cy-devant taxé, trois liv. £ 3 ß—ß—
Et pour la nouvelle reapreciation, trois liures cinq fols. £ 3 ß 5 ß—
Graine d'efcarlatte, ou Cochenille étrangere, pour tous droicts,
   le quintal cy-devant taxé , dix livres. ——————£ 10 ß—ß—
Et pour la nouvelle reapreciation , trois livres. ——£ 3 ß—ß—
Graine de mouftarde , le quintal cy-devant taxé, trois fols. —£—ß 3 ß—
Et pour la nouvelle reapreciation , un fol. ——£—ß 1 ß—
Graine , ou femence de foye , la livre cy-devant taxée, dix fols. £—ß 10 ß—
Et pour la nouvelle reapreciation , —————————————neant.
Graine de Paftel d'efcarlatte , le quintal cy-devant taxé, fix liv. £ 6 ß—ß—
Et pour la nouvelle reapreciation , quatre livres. ——£ 4 ß—ß—
Graine de corne de Cerf , le quintal cy-devant taxé , trois fols. £—ß 3 ß—
Et pour la nouvelle reapreciation , fept fols. ——£—ß 7 ß—
Graine jaune , le quintal cy-devant taxé , fept fols. ——£—ß 7 ß—
Et pour la nouvelle reapreciation , deux fols. ——£—ß 2 ß—
Graine de perroquet, aliàs, Carcomy, le quintal cy-devant taxé,
   trois fols fix deniers. ——————————————£—ß 3 ß 6
Et pour la nouvelle reapreciation , deux fols. ——£—ß 2 ß—
Pour les quatre pour cent cy-devant taxez, dix fols. —£—ß 10 ß—
Et pour la nouvelle reapreciation , deux fols. ——£—ß 2 ß—
Graines de jardins, & autres , le quintal cy-devant taxé , deux
   fols fix deniers. ——————————————£—ß 2 ß 6
Et pour la nouvelle reapreciation , cinq fols. ——£—ß 5 ß—
Graine de jardin, le quintal cy-devant taxé , trois fols neuf den. £—ß 3 ß 9

Et

Et pour la nouvelle reapreciation, voyez cy-deſſus. ——
Graine de Paradis, ou Maniguette, le quintal cy-devant taxé,
    quarante-huict ſols.———————————ℓ 2 ß 8 ₰——
    Et pour la nouvelle reapreciation, ————————————neant.
    Pour les quatre pour cent cy-devant taxez, trente-deux
    ſols.———————————————ℓ 1 ß 12 ₰——
    Et pour la nouvelle reapreciation, ————————————neant.
Gravelée, le quintal cy-devant taxé, deux ſols ſix deniers. ℓ——ß 2 ₰ 6
    Et pour la nouvelle reapreciation, ————————————neant.
Graine de tonneau, le quintal cy-devant taxé, deux ſols ſix den. ℓ——ß 2 ₰ 6
    Et pour la nouvelle reapreciation, un ſol. ————ℓ——ß 1 ₰——
Grenats ou Citrous eſtrains, la livre cy-devant taxée, un ſol. ℓ——ß 1 ₰——
    Et pour la nouvelle reapreciation, huict deniers. ————ℓ——ß——₰ 8
    Le quintal cy-devant taxé, cinq livres. ————ℓ 5 ß——₰——
    Et pour la nouvelle reapreciation, trente ſols. ————ℓ 1 ß 10 ₰——
Guinée, le quintal cy-devant taxé, trois liures deux ſols ſix den. ℓ 3 ß 2 ₰ 6
    Et pour la nouvelle reapreciation, ————————— neant.
    Pour les quatre pour cent cy-devant taxez, ſix livres. ℓ 6 ß——₰——
    Et pour la nouvelle reapreciation, ————————— neant.
Gonde-gambe, le quintal cy-devant taxé, trois livres deux ſols
    ſix deniers. ————————————ℓ 3 ß 2 ₰ 6
    Et pour la nouvelle reapreciation, ————————————neant.
    Pour les quatre pour cent cy-devant taxez, quatre liv. ℓ 4 ß——₰——
    Et pour la nouvelle reapreciation, ————————————neant.
Gomme Elemy, & Gomme Carague, le quintal cy-devant ta-
    xé, une livre dix ſols ſix deniers. ————ℓ 1 ß 10 ₰ 6
    Et pour la nouvelle reapreciation, ————————————neant.
    Pour les quatre pour cent cy-devant taxez, une livre
    dix ſols. ————————————ℓ 1 ß 10 ₰——
    Et pour la nouvelle reapreciation, vingt-ſix ſols. ——ℓ 1 ß 6 ₰——
Grenades, le cent en nombre, ſix ſols. ————————ℓ——ß 6 ₰——

Marchandiſes.

Gans de cuir, ouvrez de ſoye, la douzaine cy-devant taxée,
    cinq ſols. ————————————ℓ——ß 5 ₰——
    Et pour la nouvelle reapreciation, deux ſols ſix deniers. ℓ——ß 2 ₰ 6
Gans parfumez d'Eſpagne, la douzaine cy-devant taxée, dix ſols. ℓ——ß 10 ₰——
    Et pour la nouvelle reapreciation, cinq ſols. ————ℓ——ß 5 ₰——
Gans de Rome, la douzaine cy-devant taxée, cinq ſols. ——ℓ——ß 5 ₰——
    Et pour la nouvelle reapreciation, deux deniers. ——ℓ——ß——₰ 2
Gaze avec or, la livre cy-devant taxée, cinquante-ſix ſols. ——ℓ 2 ß 16 ₰——

L

Et

Et pour la nouvelle reapreciation , quatorze ſols. —ℓ—ß 14 ẞ—

Gaze ſans or , la livre cy-devant taxée , trente-ſix ſols. —ℓ 1 ß 16 ẞ—

Et pour la nouvelle reapreciation , huict ſols. —ℓ—ß 8 ẞ—

Gaze avec or faux , & tocque fauſſe , la livre cy-devant taxée , douze ſols. —ℓ—ß 12 ẞ—

Et pour la nouvelle reapreciation , quatre ſols. —ℓ—ß 4 ẞ—

Grillets , le quintal cy-devant taxé , huict ſols. —ℓ—ß 8 ẞ—

Et pour la nouvelle reapreciation , ſix ſols. —ℓ—ß 6 ẞ—

Gros cuirs de Bœuf , Vache ou Brave , accouſtrez , le quintal cy-devant taxé , quatre ſols. —ℓ—ß 4 ẞ—

Et pour la nouvelle reapreciation de chacune piece , trois ſols. —ℓ—ß 3 ẞ—

La charge de Mulet cy-devant taxée , quatorze ſols. —ℓ—ß 14 ẞ—

Et pour la nouvelle reapreciation , la piece trois ſols. —ℓ—ß 3 ẞ—

Gros cuirs de Bœuf ou Vache , tanez , la piece cy-devant taxée , un ſol ſix deniers. —ℓ—ß 1 ẞ 6

Et pour la nouvelle reapreciation , trois ſols. —ℓ—ß 3 ẞ—

Groſſes forces à tondre draps , la piece cy-devant taxée , trois ſols. —ℓ—ß 3 ẞ—

Et pour la nouvelle reapreciation , deux ſols. —ℓ—ß 2 ẞ—

Guiſes de fer , la piece peſant un millier cy-devant taxée , huict ſols. —ℓ—ß 8 ẞ—

Et pour la nouvelle reapreciation , le cent , ſix deniers. —ℓ—ß—ẞ 6

L'Eſtranger cy-devant taxé , treize ſols. —ℓ—ß 13 ẞ—

Et pour la nouvelle reapreciation , le cent un ſol. —ℓ—ß 1 ẞ—

Glans de Veniſe , Point couppé de Gennes , & autres ouvrages de fil d'Italie , la livre payera quatre livres. —ℓ 4 ß—ẞ—

Eſpiceries & Drogueries.

H

HErmodattes , le quintal cy-devant taxé , trente-deux ſols ſix deniers. —ℓ 1 ß 12 ẞ 6

Et pour la nouvelle reapreciation , —neant.

Pour les quatre pour cent cy-devant taxés , quatre ſols. —ℓ—ß 4 ẞ—

Et pour la nouvelle reapreciation , douze ſols. —ℓ—ß 12 ẞ—

Huile d'Aſpic de France , le quintal cy-devant taxé , vingt ſols. —ℓ 1 ß—ẞ—

Et pour la nouvelle reapreciation , douze ſols. —ℓ—ß 12 ẞ—

Huile d'Aſpic étranger , le quintal cy-devant taxé , trente-cinq ſols. —ℓ 1 ß 15 ẞ—

Et pour la nouvelle reapreciation , deux ſols ſix deniers. —ℓ—ß 2 ẞ 6

Pour

Pour les quatre pour cent cy-devant taxez, trente fols. ℓ 1 ß 10 ℈ —
Et pour la nouvelle reapreciation, trente fols. ———— ℓ 1 ß 10 ℈ —
Huile de Cadde, le quintal cy-devant taxé, dix fols. ——— ℓ — ß 10 ℈ —
Et pour la nouvelle reapreciation, ————————————— neant.
Huile de Laurin, le quintal cy-devant taxé, quinze fols. ——— ℓ — ß 15 ℈ —
Et pour la nouvelle reapreciation, ————————————— neant.
Huile de Petrolle, le quintal cy-devant taxé, trente fols fix
    deniers. ——————————————————— ℓ 1 ß 10 ℈ 6
Et pour la nouvelle reapreciation, fix fols fix deniers. ℓ — ß 6 ℈ 6
Pour les quatre pour cent cy-devant taxez, quarante fols. ℓ 2 ß — ℈ —
Et pour la nouvelle reapreciation, dix fols. ——— ℓ — ß 10 ℈ —
Huile de Poiffon, le quintal cy-devant taxé, dix fols. ——— ℓ — ß 10 ℈ —
Et pour la nouvelle reapreciation, deux fols fix deniers. ℓ — ß 2 ℈ 6
Huile de pommade, le quintal cy-devant taxé, fept fols fix
    deniers. ——————————————————— ℓ — ß 7 ℈ 6
Et pour la nouvelle reapreciation, deux fols fix deniers. ℓ — ß 2 ℈ 6
Huile d'Afpic de Provence, la bouteille payera vingt fols. — ℓ 1 ß — ℈ —
Et pour la nouvelle reapreciation, voyez cy-deffus. —
Huile de Rofmarin, & autre effence, le quintal cy-devant taxé,
    quatre liures dix fols. ——————————— ℓ 4 ß 10 ℈ —
Et pour la nouvelle reapreciation, ————————————— neant.
Huile d'Olif d'Efpagne, ou autres pays êtrangers, la pippe pour
    tous droicts, fix livres. ——————————— ℓ 6 ß — ℈ —
Et le quintal, dix fols. ——————————— ℓ — ß 10 ℈ —

Marchandifes.

Hallecret doré, la piece cy-devant taxée, trente-deux fols
    fix deniers. ——————————————————— ℓ 1 ß 12 ℈ 6
Et pour la nouvelle reapreciation, voyez cy-devant. —
Harnois de cuir couverts de velours, pour cheval, cy-devant ta-
    xez, douze fols fix deniers. ——————————— ℓ — ß 12 ℈ 6
Et pour la nouvelle reapreciation, ————————————— idem.
Harnois, ou garnimens couverts de velours, garnis de paffement,
    fil d'or ou d'argent, cy-devant taxez, vingt-cinq fols. ℓ 1 ß 5 ℈ —
Et pour la nouvelle reapreciation, ————————————— idem.
Harnois blancs d'hommes garnis avec or, cy-devant taxez,
    trente-deux fols fix deniers. ——————————— ℓ 1 ß 12 ℈ 6
Et pour la nouvelle reapreciation, ————————————— idem.
Harnois blancs fimples pour homme de pied, cy-devant taxez,
    fept fols fix deniers. ——————————— ℓ — ß 7 ℈ 6
Et pour la nouvelle reapreciation, ————————————— idem.

Harnois

Harnois gravé pour homme de pied , cy-devant taxé , douze
    fols fix deniers. —————————————— £—ß 12 ₰ 6
    Et pour la nouvelle reapreciation , —————————— idem.
Harnois d'hommes d'armes dorez, blancs ou noirs , ou legers,
    cy-devant taxez , trois livres cinq fols —————— £ 3 ß 5 ₰—
    Et pour la nouvelle reapreciation , —————————— idem.
Harnois à l'efpreuve, ou corcelets à l'efpreuve , trente-deux fols
    fix deniers. ——————————————— £ 1 ß 12 ₰ 6
    Et pour la nouvelle reapreciation , —————————— idem.
Herbe de marroquin , le quintal cy-devant taxé , cinq fols. — £—ß 5 ₰—
    Et pour la nouvelle reapreciation , trois fols. ——— £—ß 3 ₰—
Houlles de cuivre,cloches, campanes, grilles,& autre metal de
    fonte en œuvre,le quintal cy-devant taxé , huict fols. £—ß 8 ₰—
    Et pour la nouvelle reapreciation , douze fols. ——— £—ß 12 ₰
Houlles de fer , le quintal cy-devant taxé , deux fols. ——— £—ß 2 ₰
    Et pour la nouvelle reapreciation , un fol. ———— £—ß 1 ₰
Hauffecol gravé & doré de France , la piece cy-devant taxée ,
    cinq fols. ———————————————— £—ß 5 ₰—
    Et pour la nouvelle reapreciation , voyez *Armes*.
Huile d'olif de France , la pippe pour tous droicts , trois livres. £ 3 ß—₰—
Huile de noix de France , le cent pefant , huict fols. ——— £—ß 8 ₰—
Huile de lin , navette , ou graiffe de Baleine , le cent pefant ,
    fix fols. ————————————————— £—ß 6 ₰—
Harangs de toutes fortes , le millier , dix fols. —————— £—ß 10 ₰—

Efpiceries & Drogueries.

I

Ayet lys & brut,la charge cy-devant taxée,vingt-quatre fols. £ 1 ß 4 ₰—
    Et pour la nouvelle reapreciation , —————————neant.
Iris, le quintal cy-devant taxé , quatre fols trois deniers. —— £—ß 4 ₰ 3
    Et pour la nouvelle reapreciation,trois fols neuf deniers. £—ß 3 ₰ 9
    Pour les quatre pour cent cy-devant taxez, quatre fols. £—ß 4 ₰—
    Et pour la nouvelle reapreciation , fix fols. ———— £—ß 6 ₰—
Iujubes , le quintal cy-devant taxé , trois fols neuf deniers. — £—ß 3 ₰ 9
    Et pour la nouvelle reapreciation , un fol trois deniers. £—ß 1 ₰ 3
    Pour les quatre pour cent cy-devant taxez , deux fols. £—ß 2 ₰—
    Et pour la nouvelle reapreciation , cinq fols. ——— £—ß 5 ₰—
Iuoire,ou dents d'Elephant,le quintal cy-devant taxé,tréte fols. £ 1 ß 10 ₰—
    Et pour la nouvelle reapreciation , —————————neant.

Ius de limon , le quintal cy-devant taxé , dix ſols. ——————— £—ß10ß—
   Et pour la nouvelle reapreciation , deux ſols ſix den. £—ß 2 ß 6
Ius de regliſſe , le quintal cy-devant taxé , dix ſols. ——————— £—ß10ß—
   Et pour la nouvelle reapreciation , deux ſols. ——————— £—ß 2 ß—
   Pour les quatre pour cent cy-devant taxez , huict ſols. £—ß 8 ß—
   Et pour la nouvelle reapreciation , huict ſols. ——————— £—ß 8 ß—
Ipoquiſtidos , le quintal cy-devant taxé , cinq ſols. ——————— £—ß 5 ß—
   Et pour la nouvelle reapreciation , dix ſols. ——————— £—ß10ß—
Inde , pour tous droicts , le quintal payera ſept liures deux ſols
   ſix deniers. ————————————— £ 7 ß 2 ß 6
   Et pour la nouvelle reapreciation , cinq livres. ——— £ 5 ß—ß—
Iaſap , le quintal cy-devant taxé , trois liures. ——————— £ 3 ß—ß—
   Et pour la nouvelle reapreciation , ———————————— neant.
   Pour les quatre pour cent cy-devant taxez, douze liures £ 12ß—ß—
   Et pour la nouvelle reapreciation , ———————————— neant.

Marchandiſes.

Images de France, le quintal cy-devant taxé, huict ſols neuf den. £—ß 8 ß 9
   Et pour la nouvelle reapreciation , dix ſols. ——————— £—ß10ß—
Images Eſtrangeres peintes ſur toile ou bois , le quintal cy-de-
   vant taxé , dix-ſept ſols ſix deniers. ——————— £—ß17ß 6
   Et pour la nouvelle reapreciation, douze ſols ſix deniers. £—ß12ß 6
Images en taille douce. ——————————————— idem.
   Et pour la nouvelle reapreciation , deux ſols. ——— £—ß 2 ß—
Images ou peintures en toile , le quintal cy-devant taxé , quin-
   ze ſols. ————————————————— £—ß15ß—
   Et pour la nouvelle reapreciation, douze ſols ſix deniers. £—ß12ß 6

Eſpiceries & Drogueries.

L

L Adanum, le quintal cy-devant taxé, trente-deux ſols ſix den. £ 1 ß12ß 6
   Et pour la nouvelle reapreciation , ——————— neant.
   Pour les quatre pour cent cy-devant taxez, quarante ſols. £ 2 ß—ß—
   Et pour la nouvelle reapreciation , ——————— neant.
Lacque de Veniſe , le quintal cy-devant taxé , ſept livres deux
   ſols ſix deniers. ———————————— £ 7 ß 2 ß 6

M

Et

Et pour la nouvelle reapreciation , deux liures dix-
 ſept ſols ſix deniers. ——————————£ 2 ß 17 ʒ 6
Pour les quatre pour cent cy-devant taxez , dix livres. £ 10 ß— ʒ—
Et pour la nouvelle reapreciation , quatre livres. ——£ 4 ß— ʒ—
Lacque ronde , le quintal cy-devant taxé , trois liures deux ſols
 ſix deniers. ————————————————£ 3 ß 2 ʒ 6
Et pour la nouvelle reapreciation , ——————————neant.
Pour les quatre pour cent cy-devant taxez, cinq liures. £ 5 ß— ʒ—
Et pour la nouvelle reapreciation , ——————————neant.
Lignum aloës , le quintal cy-devant taxé , trois liures deux
 ſols ſix deniers. ——————————————£ 3 ß 2 ʒ 6
Et pour la nouvelle reapreciation , douze ſols ſix den. £— ß 12 ʒ 6
Pour les quatre pour cent cy-devant taxez, quatre liures. £ 4 ß— ʒ—
Et pour la nouvelle reapreciation , quarante ſols. ——£ 2 ß— ʒ—
Lignum ſanctum , le quintal cy-devant taxé, trois ſols neuf den. £— ß 3 ʒ 9
Et pour la nouvelle reapreciation , —————————— neant.
Pour les quatre pour cent cy-devant taxez , deux ſols. £— ß 2 ʒ—
Et pour la nouvelle reapreciation , quatre ſols ———£— ß 4 ʒ—
Litargue, le quintal cy-devant taxé , trois ſols neuf deniers. —£— ß 3 ʒ 9
Et pour la nouvelle reapreciation , —————————— neant.
Pour les quatre pour cent cy-devant taxez, quatre ſols. £— ß 4 ʒ—
Et pour la nouvelle reapreciation , deux ſols. ———£— ß 2 ʒ—
Lapis Bezoüard , la liure cy-devant taxée , onze liures. ——£ 11 ß— ʒ—
Et pour la nouvelle reapreciation , ————————— neant.
Lapis Lazully, le quintal cy-devant taxé , quarante ſols. ——£ 2 ß— ʒ—
Et pour la nouvelle reapreciation, trois liures cinq ſols. £ 3 ß 5 ʒ—
Lapis Luzullis , le quintal cy-devant taxé , douze ſols. ——£— ß 12 ʒ—
Et pour la nouvelle reapreciation , ————————————neant.

Marchandiſes.

Landiers de fer , la piece cy-devant taxée , un ſol. ——£— ß 1 ʒ—
Et pour la nouvelle reapreciation , un ſol. ——£— ß 1 ʒ—
Laines d'Angleterrre, le quintal cy-devant taxé, trente-cinq ſols. £ 1 ß 15 ʒ—
Et pour la nouvelle reapreciation , vingt ſols. ——£ 1 ß— ʒ—
Laines de Languedoc, Provence & Dauphiné, blanches & la-
 vées , la balle cy-devant taxée, dix-huit ſols. ——£— ß 18 ʒ—
Et pour la nouvelle reapreciation , le cent, neuf ſols. £— ß 9 ʒ—
Laines Eſtrangeres, blanches & lavées, la balle cy-devant taxée,
 vingt-ſept ſols. ————————————£ 1 ß 7 ʒ—
Et pour la nouvelle reapreciation , le cent, vingt ſols. £ 1 ß— ʒ—
Laines teintes , ou perſes de Languedoc & Auvergne , la balle

n'excedant

n'excedant deux quintaux , cy-devant taxez , vingt-
quatre fols. ——————————————————£ 1 ß 4 ß—
Et pour la nouvelle reapreciation , le cent, dix fols.£—ß 1 0 ß—
Laines noires & furges de France , la balle cy-devant taxée ,
fept fols fix deniers. ————————————£—ß 7 ß 6
Et pour la nouvelle reapreciation , le cent, cinq fols.£—ß 5 ß—
Laines, ou aignel, furges étrangeres, la balle cy-devant taxée ,
douze fols fix deniers. ————————————£—ß 12 ß 6
Et pour la nouvelle reapreciation , le cent, fix fols. —£—ß 6 ß—
Laines filées fines d'Amiens , le quintal cy-devant taxé, vingt-
cinq fols. ——————————————————£ 1 ß 5 ß—
Et pour la nouvelle reapreciation , le cent, vingt fols. £ 1 ß— ß—
Laine pelade, la balle cy-devant taxée , fept fols fix deniers. —£—ß 7 ß 6
Et pour la nouvelle reapreciation , le cent pefant trois
fols. ———————————————————£—ß 3 ß—
Lames d'Epées étrangeres, la douzaine cy-devant taxée, trois
fols trois deniers. ——————————————£—ß 3 ß 3
Et pour la nouvelle reapreciation , voyez *Allemelles*,
un fol quatre deniers. ——————————£—ß 1 ß 4
Lames d'Epées du Royaume , la douzaine cy-devant taxée ,
deux fols. ————————————————£—ß 2 ß—
Et pour la nouvelle reapreciation , un fol. ————£—ß 1 ß—
Lames de dagues étrangeres, la douzaine cy-devant taxée , un
fol fix deniers. ————————————————£—ß 1 ß 6
Et pour la nouvelle reapreciation , ——————————Idem.
Librairie d'Alemagne, le quintal cy-devant taxé, fept fols fix den.£—ß 7 ß 6
Et pour la nouvelle reapreciation, le cent, cinq fols. —£—ß 5 ß—
Licie , la charge cy-devant taxée , quatre fols. ———£—ß 4 ß—
Et pour la nouvelle reapreciation, le cent, deux fols.£—ß 2 ß—
Liege, la balle cy-devant taxée , deux fols. ————£—ß 2 ß—
Et pour la nouvelle reapreciation, le cent , deux fols £—ß 2 ß—
Liege contenant un millier, la charge cy-devant taxée , qua-
tre fols trois deniers. ————————————£—ß 4 ß 3
Et pour la nouvelle reapreciation , ——————à proportion.
Lignette à faire moureaux, la balle cy-devant taxée , huict fols.£—ß 8 ß—
Et pour la nouvelle reapreciation , un fol. ———£—ß 1 ß—
Limailles de cuivre & d'épingles étrangeres , le quintal cy-de-
vant taxé, cinq fols. ——————————————£—ß 5 ß—
Et pour la nouvelle reapreciation, trois fols. ——£—ß 3 ß—
Limailles d'épingles étrangeres , le quintal cy-dvant taxé,
huict fols. ——————————————————£—ß 8 ß—
Et pour la nouvelle reapreciation , ——————— neant.
Limailles de fer, le quintal cy-devant taxé, deux fols. ——£—ß 2 ß—
Et pour la nouvelle reapreciation , un fol. ———£—ß 1 ß—

Lin

48

Lin peigné, le quintal cy-devant taxé, sept sols six deniers. — ₤—ß 7 ß 6
Et pour la nouvelle reapreciation, cinq sols. — ₤—ß 5 ß—
Lin crud, le quintal cy-devant taxé, trois sols six deniers. — ₤—ß 3 ß 6
Et pour la nouvelle reapreciation, un sol six deniers. ₤—ß 1 ß 6
Lin étranger cy-devant taxé, douze sols six deniers. — ₤—ß 12 ß 6
Et pour la nouvelle reapreciation, cinq sols. — ₤—ß 5 ß—
Linceuls blancs ou roux vieux, la douzaine cy-devant taxée,
quatre sols. — ₤—ß 4 ß—
Et pour la nouvelle reapreciation, quatre sols. — ₤—ß 4 ß—
Lisses, comme mercerie de Milan, cy-devant taxé, deux sols. ₤—ß 2 ß—
Et pour la nouvelle reapreciation, voyez *Mercerie*. —
Livres de France, le quintal lourd, cy-devant taxé, quatre sols. ₤—ß 4 ß—
Et pour la nouvelle reapreciation, deux sols. — ₤—ß 2 ß—
Livres Estrangers, la charge de trois quintaux, cy-devant taxée,
vingt-six sols trois deniers. — ₤ 1 ß 6 ß 3
Et pour la nouvelle reapreciation, le cent, trois sols. ₤—ß 3 ß—
Le quintal, s'il paye poids de Ville, cy-devant taxé,
sept sols six deniers. — ₤—ß 7 ß 6
Et pour la nouvelle reapreciation, — à l'équipolét.
Lettres d'Imprimerie, le quintal cy-devant taxé, huict sols. ₤—ß 8 ß—
Et pour la nouvelle reapreciation, huict sols. — ₤—ß 8 ß—
Livres du Royaume, la charge de trois quintaux, cy-devant
taxez, douze sols. — ₤—ß 12 ß—
Et pour la nouvelle reapreciation, du cent pesant, deux
sols. — ₤—ß 2 ß—
Livres reliez de Paris, le quintal cy-devant taxé, trente sols. ₤ 1 ß 10 ß—
Et pour la nouvelle reapreciation, dix sols. — ₤—ß 10 ß—
Livres vieux, le quintal cy-devant taxé, deux sols. — ₤—ß 2 ß—
Et pour la nouvelle reapreciation, deux sols. — ₤—ß 2 ß—
Lisieres de drap, le quintal cy-devant taxé, huict sols. — ₤—ß 8 ß—
Et pour la nouvelle reapreciation, deux sols. — ₤—ß 2 ß—
Licts de farge imprimez, & autres de farge, cy-devant taxez,
douze sols six deniers. — ₤—ß 12 ß 6
Et pour la nouvelle reapreciatió, le cent pesant, cinq sols. ₤—ß 5 ß—
Licts de Razoir, la piece cy-devant taxée, sept sols six deniers. ₤—ß 7 ß 6
Et pour la nouvelle reapreciation, deux sols six deniers. ₤—ß 2 ß 6
Ligature sans soye, la piece cy-devant taxée, quatre sols six den. ₤—ß 4 ß 6
Et pour la nouvelle reapreciation, trois sols. — ₤—ß 3 ß—
Ligature avec soye, la piece cy-devant taxée, dix sols. — ₤—ß 10 ß—
Et pour la nouvelle reapreciation, dix sols. — ₤—ß 10 ß—
Louppes, la tonnette cy-devant taxée, cinq sols. — ₤—ß 5 ß—
Et pour la nouvelle reapreciation, un sol six deniers. ₤—ß 1 ß 6
Loupes, le quintal cy-devant taxé, quinze sols. — ₤—ß 15 ß—
Et pour la nouvelle reapreciation, — à l'équipolét.

Lotton,

Lotton , le quintal cy-devant taxé , huict fols. ————— £—ß 8 ₰—

Et pour la nouuelle reapreciation , douze fols. ——— £—ß 12 ₰—

Luths,& autres inftrumens,la quaiffe cy-devant taxée,vingt fols. £ 1 ß—₰—

Et pour la nouuelle reapreciation , cinq fols. ——— £—ß 5 ₰—

Lingeries de toutes fortes de Flandres , ou d'ailleurs, excepté

    paffemens , dentelles & points couppez , la liure ,

    quatre fols. ——————————— £—ß 4 ₰—

Et celle de Paris, deux fols. ————— £—ß 2 ₰—

Efpiceries & Drogueries.

M

MAcis, le quintal cy-devant taxé , trois liures treize fols. £ 3 ß 13 ₰—

Et pour la nouuelle reapreciation , dix-huict fols. —— £—ß 18 ₰—

Pour les quatre pour cent cy-devant taxez, huict liures. £ 8 ß—₰—

Et pour la nouuelle reapreciation , ————————— neant.

Maniguette , ou graine de Paradis , le quintal cy-devant taxé ,

    quarante-huict fols. ——————— £ 2 ß 8 ₰—

Et pour la nouuelle reapreciation , ————————— neant.

Pour les quatre pour cent cy-devant taxez,trente-deux

    fols. ——————————————— £ 1 ß 12 ₰—

Et pour la nouuelle reapreciation , ————————— neant.

Mandragore,le quintal cy-devant taxé,vingt-cinq fols trois den. £ 1 ß 5 ₰ 3

Et pour la nouuelle reapreciation , ————————— neant.

Manne de Briançon , le quintal cy-devant taxé , trente fols. —£ 1 ß 10 ₰—

Et pour la nouuelle reapreciation , ————————— neant.

Manne de Calabre , pour tous droicts,le quintal cy-devant taxé,

    quinze liures. ————————— £ 15 ß—₰—

Et pour la nouuelle reapreciation , ————————— neant.

Marcaciftes , la bufte cy-devant taxée , cinq livres. ——— £ 5 ß—₰—

Et pour la nouuelle reapreciation , ————————— neant.

Maro , le quintal cy-devant taxé , deux liures. ——— £ 2 ß—₰—

Et pour la nouuelle reapreciation , vingt-deux fols fix

    deniers. ——————————— £ 1 ß 2 ₰ 6

Martille , le quintal cy-devant taxé , deux fols fix deniers. —£—ß 2 ₰ 6

Et pour la nouuelle reapreciation , trois fols. ——— £—ß 3 ₰—

Margaline,ou Marquacite,la balle cy-devant taxée, huict liures. £ 8 ß—₰—

Et pour la nouuelle reapreciation , ————————— neant.

Maff[icot] & mine rouge, & mine de plomb,le quintal cy-devant

    taxé , onze fols. ———————— £—ß 11 ₰—

N

Et

Et pour la nouvelle reapreciation, ——————————————— neant.

Maſtic, le quintal cy-devant taxé , trois livres deux ſols ſix den. ℒ 3 ß 2 ♒ 6

   Et pour la nouvelle reapreciation, ——————————————— neant.

   Pour les quatre pour cent cy-devant taxez, quatre liures. ℒ 4 ß—♒—

   Et pour la nouvelle reapreciation, vingt ſols. ———— ℒ 1 ß—♒—

Machoacan, ou Macadoſſin, le quintal cy-devant taxé, vingt liv. ℒ 20 ß—♒—

   Et pour la nouvelle reapreciation, ——————————————— neant.

   Pour les quatre pour cent cy-devant taxez, trente livres. ℒ 30 ß—♒—

   Et pour la nouvelle reapreciation, ——————————————— neant.

Miel , le quintal cy-devant taxé, deux ſols quatre deniers. —— ℒ—ß 2 ♒ 4

   Et pour la nouvelle reapreciation , un ſol huict deniers. ℒ—ß 1 ♒ 8

   Pour les quatre pour cent cy-devant taxez, quatre ſols. ℒ—ß 4 ♒—

   Et pour la nouvelle reapreciation, deux ſols huict den. ℒ—ß 2 ♒ 8

Mirabolans, le quintal cy-devant taxé, quatre ſols trois deniers. ℒ—ß 4 ♒ 3

   Et pour la nouvelle reapreciation, quinze ſols neuf den. ℒ—ß 15 ♒ 9

   Pour les quatre pour cent cy-devant taxez , dix ſols. ℒ—ß 10 ♒—

   Et pour la nouvelle reapreciation , douze ſols. ———— ℒ—ß 12 ♒—

Myrrhe, le quintal cy-devant taxé, cinquante-deux ſols ſix den. ℒ 2 ß 12 ♒ 6

   Et pour la nouvelle reapreciation , ——————————————— neant.

   Pour les quatre pour cent cy-devant taxez, trois livres. ℒ 3 ß—♒—

   Et pour la nouvelle reapreciation, vingt ſols. ———— ℒ 1 ß—♒—

Mithridat, le quintal cy-devant taxé , quarante-ſept ſols. —— ℒ 2 ß 7 ♒—

   Et pour la nouvelle reapreciation , treize ſols. ———— ℒ—ß 13 ♒—

   Pour les quatre pour cent cy-devant taxez, quarante ſols. ℒ 2 ß—♒—

   Et pour la nouvelle reapreciation , trois liures. ———— ℒ 3 ß—♒—

Mommie, le quintal cy-devant taxé, cinquante-deux ſols ſix den. ℒ 2 ß 12 ♒ 6

   Et pour la nouvelle reapreciation , ——————————————— neant.

   Pour les quatre pour cent cy-devant taxez , trois liures. ℒ 3 ß—♒—

   Et pour la nouvelle reapreciation, ——————————————— neant.

Mucquin, le quintal cy-devant taxé, quarante-huict ſols. —— ℒ 2 ß 8 ♒—

   Et pour la nouvelle reapreciation, ——————————————— neant.

   Pour les quatre pour cent cy-devant taxez, trente ſols. ℒ 1 ß 10 ♒—

   Et pour la nouvelle reapreciation, ——————————————— neant.

Muſc, pour tous droicts, la liure cy-devant taxée , douze liures. ℒ 12 ß—♒—

   Et pour la nouvelle reapreciation, ——————————————— neant.

Muſcades , le quintal cy-devant taxé , trois liures douze ſols
   ſix deniers. ——————————————— ℒ 3 ß 12 ♒ 6

   Et pour la nouvelle reapreciation , trois livres dix-ſept
   ſols ſix deniers. ——————————————— ℒ 3 ß 17 ♒ 6

   Pour les quatre pour cent cy-devant taxez , ſix livres. ℒ 6 ß—♒—

   Et pour la nouvelle reapreciation, deux livres. ———— ℒ 2 ß—♒—

Marchandifes.

Manteaux de feutre bordez de paſſemens de ſoye, le collet dou-
    blé de velours, la piece cy-devant taxée, cinq ſols. ℒ—ß 5 ℈—
    Et pour la nouvelle reapreciation, un ſol. ————ℒ—ß 1 ℈—
    Et la balle cy-devant taxée, cinq liures cinq ſols. —ℒ 5 ß 5 ℈—
    Et pour la nouvelle reapreciation, ————————à l'équipolét.
Manteaux lubernes & loups ceruiers, la piece cy-devant taxée,
    trois liures. ————————————ℒ 3 ß—℈—
    Et pour la nouvelle reapreciation, ——————— neant.
Manteaux d'Auvergne, la balle cy-devant taxée, vingt-cinq ſols. ℒ 1 ß 5 ℈—
    Et pour la nouvelle reapreciation, ——————— Idem.
Mantils vieux, le quintal cy-devant taxé, cinq ſols. ——ℒ—ß 5 ℈—
    Et pour la nouvelle reapreciation, ——————— neant.
Mantils & Servietes, la balle cy-devant taxée, vingt ſols. —ℒ 1 ß—℈—
    Et pour la nouvelle reapreciation, le cent, ſix ſols. —ℒ—ß 6 ℈—
Mantils à grain d'orge, cy-devant taxé, deux ſols. ——ℒ—ß 2 ℈—
    Et pour la nouvelle reapreciation, un ſol. ——ℒ—ß 1 ℈—
    La balle cy-devant taxée, huict ſols. ———ℒ—ß 8 ℈—
    Et pour la nouvelle reapreciation, quatre ſols. ——ℒ—ß 4 ℈—
Mantils & Servietes de Lorraine étrangeres, la balle cy-devant
    taxée, trente ſols. ————————ℒ 1 ß 10 ℈—
    Et pour la nouvelle reapreciation, le cent, dix ſols. ℒ—ß 10 ℈—
Mantils blancs de Lorraine groſſiers, la balle cy-devant taxée,
    ſept ſols ſix deniers. ——————ℒ—ß 7 ℈ 6
    Et pour la nouvelle reapreciation, le cent, trois ſols. ℒ—ß 3 ℈—
Marc, & fil d'or & d'argent, qui ſont huict onces, cy-devant
    taxées ; vingt-huict ſols. ——————ℒ 1 ß 8 ℈—
    Et pour la nouvelle reapreciation, voyez *Or & Argent*.
Marroquins d'Eſpagne, & autres pays Eſtrangers, la balle cy-
    devant taxée, quatre liures dix-ſept ſols ſix deniers. ℒ 4 ß 17 ℈ 6
    Et pour la nouvelle reapreciation, voyez cy-deſſous
    la douzaine. ————————
    La douzaine cy-devant taxée, douze ſols ſix deniers. ℒ—ß 12 ℈ 6
    Et pour la nouvelle reapreciation, douze ſols ſix deniers. ℒ— ß 12 ℈ 6
Marroquins de Dauphiné, Provence, & autres ſemblables, la
    balle cy-devant taxée, trente ſols. ———ℒ 1 ß 10 ℈—
    Et pour la nouvelle reapreciation, voyez cy-deſſous la
    douzaine. ————————
    La douzaine cy-devant taxée, trois ſols. ——ℒ—ß 3 ℈—
    Et pour la nouvelle reapreciation, trois ſols. ——ℒ—ß 3 ℈—
Martres communes, la balle cy-devant taxée, vingt-deux liv. ℒ 22 ß—℈—
    Et pour la nouvelle reapreciation, voyez cy-deſſous la
    piece. ————————

La piece deux ſols. ——————————————— £—ß 2 ẞ—

Et pour la nouvelle reapreciation, un ſol. ——— £—ß 1 ẞ—

Martres étrangeres, la piece cy-devant taxée, trois ſols. —£—ß 3 ẞ—

Et pour la nouvelle reapreciation, deux ſols. ——— £—ß 2 ẞ—

Marquentines de Veniſe, le quintal cy-devant taxé, ſix liures. £ 6 ß—ẞ—

Et pour la nouvelle reapreciation, ——————— neant.

La quaiſſe cy-devant taxée, neuf liures. ——— £ 9 ß—ẞ—

Et pour la nouvelle reapreciation, ————— à l'équipolent.

Maſques, la quaiſſe cy-devant taxée, huiɛt livres. ——— £ 8 ß—ẞ—

Et pour la nouvelle reapreciation, quarante ſols —£ 2 ß—ẞ—

Mattelats, la piece cy-devant taxée, un ſol ſix deniers. ——— £—ß 1 ẞ 6

Et pour la nouvelle reapreciation, deux ſols. ——— £—ß 2 ẞ—

Mercerie de Milan, & autres lieux d'Italie, Chemiſe de cotton,
la quaiſſe cy-devant taxée, neuf liures. ——— £ 9 ß—ẞ—

Et pour la nouvelle reapreciation, le cent peſant vingt
ſols. ———————————————— £ 1 ß—ẞ—

Mercerie de Flandres, de ceintures, lacets, rubans, fil d'eſpine, & autres, le tonneau n'excedant quatre quintaux, cy-devant taxé, quatorze livres. ——— £ 14 ß—ẞ—

Et pour la nouvelle reapreciation, le cent, vingt ſols. —£ 1 ß—ẞ—

Menuë Mercerie de Paris & Roüen, le tonneau n'excedant
cinq quintaux, cy-devant taxé, ſept liures dix ſols. —£ 7 ß 10 ẞ—

Et pour la nouvelle reapreciation, du cent peſant, dix
ſols. ———————————————— £—ß 10 ẞ—

Le quintal cy-devant taxé, trente ſols. ——— £ 1 ß 10 ẞ—

Et pour la nouvelle reapreciation, dix ſols. ——— £—ß 10 ẞ—

Mercerie de Foreſts, Auvergne, Droguez, queuës de ſinges,
peignes de Languedoc, & coûteaux de Tiers, la
charge n'excedant trois quintaux, cy-devant taxée,
dix-ſept ſols ſix deniers. ——————— £—ß 17 ẞ 6

Et pour la nouvelle reapreciation, le cent cinq ſols. £—ß 5 ẞ—

Mercerie de ſaint Claude, la balle cy-devant taxée, onze ſols. £—ß 11 ẞ—

Et pour la nouvelle reapreciation, cinq ſols. ——— £—ß 5 ẞ—

Mercerie d'Alemagne, le quintal cy-dvant taxé, trois livres
cinq ſols. ———————————————— £ 3 ß 5 ẞ—

Et pour la nouvelle reapreciation, quinze ſols. ——— £—ß 15 ẞ—

Metal & cuivre rouge rompu, la charge de trois quintaux cy-
devant taxée, quinze ſols. —————————— £—ß 15 ẞ—

Et pour la nouvelle reapreciation, le cent peſant, dix ſols. £—ß 10 ẞ—

Metal en fonte & en œuvre, le quintal cy-devant taxé, huiɛt ſols. £—ß 8 ẞ—

Et pour la nouvelle reapreciation, ſept ſols. ——— £—ß 7 ẞ—

Metal vieux, le quintal cy-devant taxé, cinq ſols. ——— £—ß 5 ẞ—

Et pour la nouvelle reapreciation, cinq ſols. ——— £—ß 5 ẞ—

Meule de Moulin Françoiſe, cy-devant taxée, neuf ſols. —£—ß 9 ẞ—

Et

Et pour la nouvelle reapreciation , huict fols. ——— £ — ß 8 ß —

Meule de moulin Chalonnoife , cy-devant taxée, deux fols fix deniers. ——————— £ — ß 2 ß 6

Et pour la nouvelle reapreciation , cinq fols. ——— £ — ß 5 ß —

Mefches d'Arquebufes, la balle cy-devât taxée, fept fols fix den. £ — ß 7 ß 6

Et pour la nouvelle reapreciation, deux fols fix deniers. £ — ß 2 ß 6

Mezolane de Milan , la piece cy-devant taxée, dix fols. —— £ — ß 10 ß —

Et pour la nouvelle reapreciation, cinq fols. —— £ — ß 5 ß —

Mioftade d'Amiens, la piece cy-devant taxée , trois fols. —— £ — ß 3 ß —

Et pour la nouvelle reapreciation , deux fols. —— £ — ß 2 ß —

Mioftade êtrangere , la piece cy-devant taxée , quatre fols fix deniers. ——————— £ — ß 4 ß 6

Et pour la nouvelle reapreciation, cinq fols fix deniers. £ — ß 5 ß 6

Miroirs, & Merceries de Milan , la quaiffe cy-devant taxée , neuf liures. ————— £ 9 ß — ß —

Et pour la nouvelle reapreciation , voyez Mercerie.
vingt fols. ————— £ 1 ß — ß —

Molardeaux , la douzaine cy-devant taxée , douze fols. —— £ — ß 12 ß —

Et pour la nouvelle reapreciation , trois fols. —— £ — ß 3 ß —

Molardeaux petits, la douzaine cy-devant taxée, fix fols fix den. £ — ß 6 ß 6

Et pour la nouvelle reapreciation, deux fols fix deniers. £ — ß 2 ß 6

Mallard , le baril cy-devant taxé , dix deniers. ——— £ — ß — ß 10

Et pour la nouvelle reapreciation , quatre deniers. —— £ — ß — ß 4

Moncayards d'Abeuille , la piece cy-devant taxée , dix fols. £ — ß 10 ß —

Et pour la nouvelle reapreciation , cinq fols. —— £ — ß 5 ß —

Moncayards d'Amiens, la piece cy-devant taxée , quatre fols fix deniers. ————— £ — ß 4 ß 6

Et pour la nouvelle reapreciation , trois fols. —— £ — ß 3 ß —

Morion blanc ou noir, doré, gravé ou non gravé , cy-devant taxé, deux fols fix deniers. ————— £ — ß 2 ß 6

Et pour la nouvelle reapreciation , voyez Armes. ———

Moucades êtrangeres, la piece cy-devant taxée , onze fols £ — ß 11 ß —

Et pour la nouvelle reapreciation , quatre fols ——— £ — ß 4 ß —

Moucades d'Amiens, la piece cy-devât taxée, quatre fols fix den. £ — ß 4 ß 6

Et pour la nouvelle reapreciation , trois fols. —— £ — ß 3 ß —

Mortiers de marbre , la piece cy-devant taxée , un fol. —— £ — ß 1 ß —

Et pour la nouvelle reapreciation , un fol. ——— £ — ß 1 ß —

Moutons accouftrez en chamois, la douzaine cy-devant taxée, fept fols. ————— £ — ß 7 ß —

Et pour la nouvelle reapreciation , cinq fols. —— £ — ß 5 ß —

Moutons en galle , la balle cy-devant taxée , dix fols. —— £ — ß 10 ß —

Et pour la nouvelle reapreciation , le cent, trois fols. £ — ß 3 ß —

Moutons en jambe , la balle cy-devant taxée , dix fols. —— £ — ß 10 ß —

Et pour la nouvelle reapreciation , le cent trois fols. £ — ß 3 ß —

O   Moutons

Moutons pelez , la douzaine cy-devant taxée , un sol. ———— ℓ—ß 1 ß—

Et pour la nouvelle reapreciation, un sol ———— ℓ—ß 1 ß—

La balle de charrette , neuf sols. ———— ℓ—ß 9 ß—

Et pour la nouvelle reapreciation , ———— à l'équipolent.

Le quintal , quatre sols. ———— ℓ—ß 4 ß—

Et pour la nouvelle reapreciation , ———— à l'équipolent.

Mouluë seiche , le quintal , quatre sols. ———— ℓ—ß 4 ß—

Espiceries & Drógueries.

N

NOix muscades , le quintal cy-devant taxé , trois liures douze sols. ———— ℓ 3 ß12ß—

Et pour la nouvelle reapreciation , trois liures dix-sept sols six deniers. ———— ℓ 3 ß17ß 6

Pour les quatre pour cent cy-devant taxez , six liures. ℓ 6 ß—ß—

Et pour la nouvelle reapreciation , quatre liures. ———— ℓ 4 ß—ß—

Neus vomicqua , le quintal cy-devant taxé , trente-deux sols six deniers. ———— ℓ 1 ß12ß 6

Et pour la nouvelle reapreciation , ———— neant.

Pour les quatre pour cent cy-devant taxez , quatre sols. ℓ—ß 4 ß—

Et pour la nouvelle reapreciation , quatre sols. ———— ℓ—ß 4 ß—

Nacre de perles,& coquilles de Nacre,la balle cy-devant taxée, trois liures. ———— ℓ 3 ß—ß—

Et pour la nouvelle reapreciation , vingt sols. ———— ℓ 1 ß—ß—

Nacre en Chapelets , le quintal cy-devant taxé , trente sols. ———— ℓ 1 ß10ß—

Et pour la nouvelle reapreciation , dix sols. ———— ℓ—ß10ß—

Marchandises.

Nappes de Lorraine , le quintal cy-devant taxé , vingt sols ———— ℓ 1 ß—ß—

Et pour la nouvelle reapreciation , dix sols. ———— ℓ—ß10ß—

La piece de Nappes ou Mantils,cy-devant taxée, douze sols six deniers. ———— ℓ—ß12ß 6

Et pour la nouvelle reapreciation , dix sols. ———— ℓ—ß10ß—

O

OCre, ou Croye blanche, jaune, noire ou rouge, le quintal cy-devant taxé, deux ſols ſix deniers. ———— ₤—ß 2 ₰ 6
    Et pour la nouvelle reapreciation, ——————————— neant.
Oliues, le quintal pour les quatre pour cent cy-devant taxez,
trois ſols quatre deniers. ———————— ₤—ß 3 ₰ 4
    Et pour la nouvelle reapreciation, ſept ſols ſept deniers. ₤—ß 7 ₰ 7
Opopanax, le quintal cy-devãt taxé, trois liures deux ſols ſix den ₤ 3 ß 2 ₰ 6
    Et pour la nouvelle reapreciation, trois livres. ——— ₤ 3 ß— ₰—
    Pour les quatre pour cent cy-devant taxez, ſix liures. —— ₤ 6 ß— ₰—
    Et pour la nouvelle reapreciation, trois liures. ——— ₤ 3 ß— ₰—
Oranges ſeiches, le quintal cy-devant taxé, dix ſols. ———— ₤—ß 10 ₰—
    Et pour la nouvelle reapreciation, deux ſols. ——— ₤—ß 2 ₰—
Orpiment, le quintal cy-devant taxé, treize ſols quatre deniers. ₤—ß 13 ₰ 4
    Et pour la nouvelle reapreciation, ——————————— neant.
    Pour les quatre pour cent cy-devant taxez, vingt ſols. ₤ 1 ß— ₰—
    Et pour la nouvelle reapreciation, ——————————— neant.
Os de corne de cerf, le quintal cy-devant taxé, treize ſols qua-
tre deniers. ————————————————— ₤—ß 13 ₰ 4
    Et pour la nouvelle reapreciation, ——————————— neant.
    Pour les quatre pour cent cy-devant taxez, dix ſols. —— ₤—ß 10 ₰—
    Et pour la nouvelle reapreciation, ——————————— neant.
Orſeilles, le quintal cy-devant taxé, trente-deux ſols ſix deniers. ₤ 1 ß 12 ₰ 6
    Et pour la nouvelle reapreciation, ——————————— neant.
    Pour les quatre pour cent cy-devant taxez, vingt ſols. ₤ 1 ß— ₰—
    Et pour la nouvelle reapreciation, ——————————— neant.
Os de ſeiche, le quintal cy-devant taxé, deux ſols ſix deniers ₤—ß 2 ₰ 6
    Et pour la nouvelle reapreciation, ——————————— neant.
Oppium, le quintal cy-devant taxé, quatre liures. ——— ₤ 4 ß— ₰—
    Et pour la nouvelle reapreciation, quarante ſols. ——— ₤ 2 ß— ₰—
    Pour les quatre pour cent cy-devant taxez, trois liures
deux ſols ſix deniers. ————————— ₤ 3 ß 2 ₰ 6
    Et pour la nouvelle reapreciation, cinq liures. ——— ₤ 5 ß— ₰—
Oliban, le quintal cy-devant taxé, trente-deux ſols ſix deniers. ₤ 1 ß 12 ₰ 6
    Et pour la nouvelle reapreciation, trois ſols ſix deniers. ₤—ß 3 ₰ 6
    Pour les quatre pour cent cy-devant taxez, douze ſols. ₤—ß 12 ₰—
    Et pour la nouvelle reapreciation, douze ſols. ——— ₤—ß 12 ₰—
Oliues du cru de France, le quintal, dix ſols. ————— ₤—ß 10 ₰—
Oranges, le millier en nombre, trois ſols. ————— ₤—ß 3 ₰—

Marchandiſes.

Offes, ou jonc pour vertugalles, la balle cy-devant taxée, trois
    ſols neuf deniers. ——————————————————£—ß 3 ß 9
    Et pour la nouvelle reapreciation, un ſol trois deniers.£—ß 1 ß 3
Orloges d'Auvergne,la piece cy-devant taxée,deux ſols ſix den.£—ß 2 ß 6
    Et pour la nouvelle reapreciation, cinq deniers ——£—ß—ß 5
Orloges d'Alemagne & d'ailleurs, la piece cy-devant taxée,cinq
    ſols. ——————————————————£—ß 5 ß—
    Et pour la nouvelle reapreciation, cinq ſols. ——£—ß 5 ß—
Or d'Ulme, ou battu, la quaiſſe peſant cent cinquante liures
    cy-devant taxée, douze livres dix ſols. ———£12ß10ß—
    Et pour la nouvelle reapreciation, le cent peſant, cin-
    quante ſols. ——————————————£2 ß10ß—
Or filé faux, le marc cy-devant taxé, trois ſols. ——£—ß 3 ß—
    Et pour la nouvelle reapreciation, trois ſols. ——£—ß 3 ß—
Or faux en feüille, clinquans, brillans, or de baſſin, mercerie
    d'Alemagne, tout au quintal, cy-devant taxé, trois
    liures cinq ſols. ——————————————£3 ß 5 ß—
    Et pour la nouvelle reapreciation, quinze ſols. ——£—ß15ß—
Or ou argent filé, le marc cy-devant taxé, vingt-huict ſols.£1 ß 8 ß—
    Et pour la nouvelle reapreciation, ——————— neant.
Or ou argent ſur fil de ſoye,la liure cy-devant taxée, cinquante-
    ſix ſols. ——————————————————£2 ß16ß—
    Et pour la nouvelle reapreciation, ——————— neant.
Oſtades d'Angleterre, le fond ou charge n'excedant quatre
    quintaux, cy-devant taxez, vingt liures. ———£20ß—ß—
    Et pour la nouvelle reapreciation, du cent peſant,
    vingt ſols. ——————————————————£1 ß—ß—
Ouvrages, cannetilles d'or ou d'argent, pour fonds, matieres
    & manufacture, la liure cy-devant taxée, quatre li-
    vres quatre ſols. ——————————————£4 ß 4 ß—
    Et pour la nouvelle reapreciation, dix ſols. ——£—ß10ß—
Ouvrages, cannetilles à ornemens & habillement, étant de fil
    d'or ou d'argent, d'une ou pluſieurs ſortes enſemble,
    la liure cy-devant taxée, cinquante-ſix ſols. ——£2 ß16ß—
    Et pour la nouvelle reapreciation, ſix ſols. ——£—ß 6 ß—
Ouvrages, comme paſſement de ſoye, houſſes, chauſes de ſoye
    ſans cramoiſy,la liure cy-devant taxée, quatorze ſols.£—ß14ß—
    Et pour la nouvelle reapreciation, deux ſols. ——£—ß 2 ß—
Ouvrages fait d'or ou de ſoye, la liure cy-devant taxée, cin-
    quante ſix ſols. ——————————————£2 ß16ß—
    Et pour la nouvelle reapreciation, ——————— neant.
Ouvrages avec or ou argent, piece de chamois en broderie,

la

la liure cy-devant taxée, cinquante-six sols. ——— ₤ 2 ß 16 δ —
Et pour la nouvelle reapreciation, ——————————— neant.
Ouvrages de fer, le quintal cy-devant taxé, trois sols. —— ₤— ß 3 δ —
Et pour la nouvelle reapreciation, un sol. ———— ₤— ß 1 δ —
Ouvrages de Flandres & d'ailleurs, en lingerie de lin, grosses &
moyennes, comme toillettes, mouchoirs, chemises &
autres, non compris les dentelles & poinct-coupé, la
liure, voyez *lingerie*, *orfevrerie*, *& pierreries*, payeront
suiuant l'estimation, deux & demy pour cent. ———

Espiceries & Drogueries.

P

PErles, le quintal cy-devant taxé, sept liures deux sols six den. ₤ 7 ß 2 δ 6
Et pour la nouvelle reapreciation, payeront suivant
l'estimation qui en sera faite, à l'once ou à la liure,
suivant les lieux d'où elles viendront. ———
Pour les quatre pour cent cy-devant taxez, vingt-huict
livres. ——————————————— ₤ 28 ß — δ —
Et pour la nouvelle reapreciation, *Idem*, comme dessus.
Perelle en terre, le quintal cy-devant taxé, un sol quatre deniers ₤— ß 1 δ 4
Et pour la nouvelle reapreciation, quatre sols huict den. ₤— ß 4 δ 8
Pierre-ponce, le quintal cy-devant taxé, deux sols six deniers. ₤— ß 2 δ 6
Et pour la nouvelle reapreciation, trois sols six deniers ₤— ß 3 δ 6
Pour les quatre pour cent cy-devant taxez, huict sols. ₤— ß 8 δ —
Et pour la nouvelle reapreciation, ——————— neant.
Pignons & Pistaches, le quintal cy-devant taxé, quatre sols
trois deniers. —————————— ₤— ß 4 δ 3
Et pour la nouvelle reapreciation, quatre sols six den. ₤— ß 4 δ 6
Pour les quatre pour cent cy-devant taxez, dix sols. —₤— ß 10 δ —
Et pour la nouvelle reapreciation, cinq sols. ——— ₤— ß 5 δ —
Pirette, le quintal cy-devant taxé, neuf sols huict deniers. —₤— ß 9 δ 8
Et pour la nouvelle reapreciation, ——————— neant.
Pour les quatre pour cent cy-devant taxez, cinq sols. —₤— ß 5 δ —
Et pour la nouvelle reapreciation, cinq sols ——— ₤— ß 5 δ —
Poix, le boüillon cy-devant taxé, six deniers. ——— ₤— ß — δ 6
Et pour la nouvelle reapreciation, le quintal, huict den. ₤— ß — δ 8
Poix-rafine, le quintal cy-devant taxé, neuf deniers. ——— ₤— ß — δ 9
Et pour la nouvelle reapreciation, seize deniers. —₤— ß 1 δ 4
Pourcelaine, le quintal cy-devant taxé, trente-sept sols six den. ₤ 1 ß 17 δ 6

Et pour la nouvelle reapreciation, ———————————— neant.

Pour les quatre pour cent cy-devant taxez, quarante

fols. ———————————— ℒ 2 ß—ℨ—

Et pour la nouvelle reapreciation, ———————————— neant.

Poudres de violettes ou de chipre, le quintal cy-devant taxé,

vingt fols. ———————————— ℒ 1 ß—ℨ—

Et pour la nouvelle reapreciation, trois liures. ——— ℒ 3 ß—ℨ—

Pousse de gingembre épointé, le quintal cy-devant taxé, vingt-

neuf fols trois deniers. ———————————— ℒ 1 ß 9 ℨ 3

Et pour la nouvelle reapreciation, ———————————— neant.

Pour les quatre pour cent cy-devant taxez, trois liures. ℒ 3 ß—ℨ—

Et pour la nouvelle reapreciation, ———————————— neant.

Pousse d'escarlatte de France, le quintal cy-devant taxé, six liv. ℒ 6 ß—ℨ—

Et pour la nouvelle reapreciation, ———————————— neant.

L'étrangere pour tous droicts, le quintal cy-devant ta-

xé, quatorze livres dix fols. ———————————— ℒ 14 ß 10 ℨ—

Et pour la nouvelle reapreciation, ———————————— neant.

Pousse de Muscade ou maffis, le quintal cy-devant taxé, qua-

rante-sept fols six deniers. ———————————— ℒ 2 ß 7 ℨ 6

Et pour la nouvelle reapreciation, ———————————— neant.

Pour les quatre pour cent cy-devant taxez, six liures. ℒ 6 ß—ℨ—

Et pour la nouvelle reapreciation, ———————————— neant.

Poivre, le quintal cy-devant taxé, trois liures deux fols six den. ℒ 3 ß 2 ℨ 6

Et pour la nouvelle reapreciation, ———————————— neant.

Pour les quatre pour cent, six liures. ———————— ℒ 6 ß—ℨ—

Et pour la nouvelle reapreciation, ———————————— neant.

Poivre leger, le quintal cy-devant taxé, quarante-sept fols six

deniers. ———————————— ℒ 2 ß 7 ℨ 6

Et pour la nouvelle reapreciation, ———————————— neant.

Pour les quatre pour cent cy-devant taxez, trois livres. ℒ 3 ß—ℨ—

Et pour la nouvelle reapreciation, deux fols six deniers. ℒ—ß 2 ℨ 6

Poivre long, le quintal cy-devant taxé, trois livres deux fols six

deniers. ———————————— ℒ 3 ß 2 ℨ 6

Et pour la nouvelle reapreciation, ———————————— neant.

Pour les quatre pour cent cy-devant taxez, six livres. ℒ 6 ß—ℨ—

Et pour la nouvelle reapreciation, ———————————— neant.

Perelle en teintures du pays, la charge cy-devant taxée, vingt

fols six deniers. ———————————— ℒ 1 ß—ℨ 6

Et pour la nouvelle reapreciation, ———————————— neant.

Poudre d'arquebufe, le quintal cy-devant taxé, quinze fols six

deniers. ———————————— ℒ—ß 15 ℨ 6

Et pour la nouvelle reapreciation, ———————————— neant.

Pour les quatre pour cent cy-devant taxez, douze fols. ℒ—ß 12 ℨ—

Et pour la nouvelle reapreciation, ———————————— neant.

Petum,

Petum , ou herbe de la Reine , le quintal , pour tous droicts ,
cinq livres. —————————————————— £ 5 ß — ð —
Et pour la nouvelle reapreciation , ———————————— neant.
Pruneaux de toutes fortes , le quintal trois fols. ———— £ — ß 3 ð —

Marchandifes.

Panne de foye de Tours, & d'ailleurs , la liure cy-devant taxée ,
cinq fols neuf deniers. ———————————————— £ — ß 5 ð 9
Et pour la nouvelle reapreciation , trois fols trois den. £ — ß 3 ð 3
Papier fin, blanc & bleu, la balle cy-devant taxée , cinq fols
fix deniers. ————————————————————— £ — ß 5 ð 6
Et pour la nouvelle reapreciation, deux fols. ———— £ — ß 2 ð —
L'êtranger , neuf fols. ——————————————— £ — ß 9 ð —
Et pour la nouvelle reapreciation , le cent , trois fols. £ — ß 3 ð —
Papier de traffe de Paris, la balle cy-devant taxée, un fol fix den. £ — ß 1 ð 6
Et pour la nouvelle reapreciation, le cent, un fol fix den. £ — ß 1 ð 6
Papier de traffe êtranger , la balle cy-devant taxée , deux fols
neuf deniers. ————————————————————— £ — ß 2 ð 9
Et pour la nouvelle reapreciation , le cent , deux fols. £ — ß 2 ð —
Le quintal cy-devant taxé , un fol fix deniers. ———— £ — ß 1 ð 6
Et pour la nouvelle reapreciation , deux fols. ———— £ — ß 2 ð —
Papier blanc, la balle cy-devant taxée , trois fols. ——— £ — ß 3 ð —
Et pour la nouvelle reapreciation , le cent , deux fols
fix deniers. ————————————————————— £ — ß 2 ð 6
Et l'Eftranger cy-dvant taxé , onze fols. ————— £ — ß 11 ð —
Et pour la nouvelle reapreciation , ———————— à l'équipolent.
Papier de traffe de charrette , cy-devant taxé , deux fols trois
deniers. —————————————————————— £ — ß 2 ð 3
Et pour la nouvelle reapreciation, le cent pefant, un fol. £ — ß 1 ð —
Papier fin êtranger , le quintal cy-devant taxé , trois fols. — £ — ß 3 ð —
Et pour la nouvelle reapreciation , trois fols. ——— £ — ß 3 ð —
Papier fin du pays , le quintal cy-devant taxé , deux fols. — £ — ß 2 ð —
Et pour la nouvelle reapreciation , cinq fols. ——— £ — ß 5 ð —
Papier gros êtranger , la balle de charette cy-devant taxée ,
quatre fols fix deniers. ——————————————— £ — ß 4 ð 6
Et pour la nouvelle reapreciation , le cent trois fols. £ — ß 3 ð —
Papier de traffe du pays , le quintal cy-devant taxé , un fol. £ — ß 1 ð —
Et pour la nouvelle reapreciation , un fol. ———— £ — ß 1 ð —
Parchemin , la balle cy-devant taxée , dix fols. ——— £ — ß 10 ð —
Et pour la nouvelle reapreciation , trois fols. ——— £ — ß 3 ð —
Parun, la charge cy-devant taxée , quatre fols. ——— £ — ß 4 ð —

Et

Et pour la nouvelle reapreciation, le cent un ſol. ——————₤—ß 1 ϧ——
Paëlles de fer, la balle cy-devant taxée, neuf ſols. ——————₤—ß 9 ϧ——
Et pour la nouvelle reapreciation, trois ſols. ——————₤—ß 3 ϧ——
Paſſemens, Rubans, Porfileures, Franges, Ceintures, Coiffes,
    Collets de chemiſes, & autres tiſſeures, ouvrages &
    paſſemens de fil d'or, d'argent filé ou traict, la livre
    cy-devant taxée, trois livres dix-huict ſols. ——————₤ 3 ß 18 ϧ——
Et pour la nouvelle reapreciation, ——————————————neant.
Paſſemens, Rubans, Porfileures, Traſſes, Franges, Ceintures,
    Collets de chemiſe, & autres tiſſeures de fil dor,
    d'argent & de ſoye, meſlez enſemble, la liure cy-de-
    vant taxée, cinquante-ſix ſols. ——————————₤ 2 ß 16 ϧ——
Et pour la nouvelle reapreciation, ——————————— neant.
Paſſemens, Traſſes, ouvrages, & choſes ſuſdites, de ſoye rouge
    cramoiſy, la liure cy-devant taxée, quarante-huict ſols
    neuf deniers. ——————————————₤ 2 ß 8 ϧ 9
Et pour la nouvelle reapreciation, ——————————neant.
Paſſemens, traces, ouvrages, & choſes ſuſdites de ſoye ſans
    cramoyſi, la liure cy-devant taxée, quatorze ſols.₤—ß 14 ϧ——
Et pour la nouvelle reapreciation, huict ſols. ——————₤—ß 8 ϧ——
Paſſemens de Saint Chamond, la liure cy-devant taxée, deux
    ſols.——————————————————₤—ß 2 ϧ——
Et pour la nouvelle reapreciation, un ſol. ——————₤—ß 1 ϧ——
Paſtel, le quintal cy-devant taxé, un ſol ſix deniers. ——————₤—ß 1 ϧ 6
Et pour la nouvelle reapreciation, trois ſols ſix deniers.₤—ß 3 ϧ 6
La charge de trois quintaux cy-devant taxée, quatre
    ſols ſix deniers. ——————————————₤—ß 4 ϧ 6
Et pour la nouvelle reapreciation, à proportion que
    deſſus. ——————
Paſtel êtranger, la balle cy-devant taxée, deux ſols trois deniers.₤—ß 2 ϧ 3
Et pour la nouvelle reapreciation, du cent, ſix ſols. ——₤—ß 6 ϧ——
Paſtel d'eſcarlate étranger, le quintal cy-devant taxé, ſix liures.₤ 6 ß—ϧ——
Et pour la nouvelle reapreciation, trois liures. ——————₤ 3 ß—ϧ——
Patenoſtres turquines, la quaiſſe cy-devant taxée, cinq liures.₤ 5 ß—ϧ——
Et pour la nouvelle reapreciation, du cent, dix ſols.₤—ß 10 ϧ——
Paſtes, le quintal cy-devant taxé, ſix deniers.——————₤—ß—ϧ 6
Et pour la nouvelle reapreciation, deux deniers. ——₤—ß—ϧ 2
Et l'Eſtranger cy-devant taxé, neuf deniers. ——————₤—ß—ϧ 9
Et pour la nouvelle reapreciation, trois deniers. ——————₤—ß—ϧ 3
Pattins, contenans un millier, cy-devant taxé, quatre ſols trois
    deniers. ————————————————₤—ß 4 ϧ 3
Et pour la nouvelle reapreciation, un ſol trois deniers.₤—ß 1 ϧ 3
Petite piece de ſenteur à fleur d'oranges, la douzaine cy-devant
    taxée, trois ſols. ——————————————₤—ß 3 ϧ——

Et

Et pour la nouvelle reapreciation , un fol. ————————£—ß 1 ß—

Petites pieces couleur jaune, ou rouffes, la douzaine cy-devant
    taxée, quinze fols. ————————————————£—ß 15 ß—

Et pour la nouvelle reapreciation, trois fols. ————————£—ß 3 ß—

Petites peaux de Chevrotins lavées en jaffemin , la douzaine
    cy-devant taxée , trois fols. ————————————£—ß 3 ß—

Et pour la nouvelle reapreciation, un fol. ————————£—ß 1 ß—

Peaux de Cabron grandes à fleur d'orange, la douzaine cy-de-
    vant taxée, dix fols. ————————————————£—ß 10 ß—

Et pour la nouvelle reapreciation, cinq fols. ————————£—ß 5 ß—

Peaux de Romaigne , Piftoye, & peaux de mer, la balle cy-
    devant taxée , huict livres quinze fols. ——————£ 8 ß 15 ß—

Et pour la nouvelle reapreciation, du cent, quarante fols £ 2 ß—ß—

Peaux de pays habillées en jambe, la balle cy-devât taxé, dix fols. £—ß 10 ß—

Et pour la nouvelle reapreciation , le cent , trois fols £—ß 3 ß—

Peaux d'Agneaux cruës Eftrangeres , la balle cy-devant taxée,
    onze fols. ————————————————————£—ß 11 ß—

Et pour la nouvelle reapreciation , du cent, trois fols. £—ß 3 ß—

Peaux d'Agneaux , cruës, Chevreaux & Moutons, la balle cy-
    devant taxée , fix fols. ————————————————£—ß 6 ß—

Et pour la nouvelle reapreciation , du cent , trois fols. £—ß 3 ß—

Peaux de Regnard fauvagines, la piece cy-devant taxée, fix den. £—ß—ß 6

Et pour la nouvelle reapreciation , trois deniers. ——£—ß—ß 3

La balle cy-devant taxée , quarante fols. ————£ 2 ß—ß—

Et pour la nouvelle reapreciation , ——————————à proportion.

Peaux de Loup, la piece cy-dvant taxée , un fol. ————£—ß 1 ß—

Et pour la nouvelle reapreciation , quatre deniers. —£—ß—ß 4

Et Loups cerviers, cy-devant taxez , cinq fols. ——£—ß 5 ß—

Et pour la nouvelle reapreciation , deux fols fix deniers. £—ß 2 ß 6

Peaux de Pourceau, la balle cy-devant taxée , huict fols. —£—ß 8 ß—

Et pour la nouvelle reapreciation , du cent pefant, trois
    fols. ————————————————————————£—ß 3 ß—

L'Eftranger cy-devant taxé , douze fols. ————————£—ß 12 ß—

Et pour la nouvelle reapreciation, du cent pefant, qua-
    tre fols. ————————————————————————£—ß 4 ß—

Peaux de Chevreaux cruës, le quintal cy-devât taxé, quatre fols. £—ß 4 ß—

Et pour la nouvelle reapreciation , un fol fix deniers. £—ß 1 ß 6

Peaux de Chevres, Moutons, Veaux, Chevreaux étrangers, la
    balle cy-devant taxée, neuf fols. ————————£—ß 9 ß—

Et pour la nouvelle reapreciation , voyez cy-deffous la
    douzaine. ————————————

Et la douzaine cy-devant taxée , un fol neuf deniers. ——£—ß 1 ß 9

Et pour la nouvelle reapreciation , fix deniers. ————£—ß—ß 6

Le quintal cy-devant taxé , fix fols. ————————————£—ß 6 ß—

Q   Et

Et pour la nouvelle reapreciation , voyez cy-deſſus.

Peaux de Moutons, Chevres & Veaux, la douzaine cy-devant
taxé, un ſol. ————————————————— £—ß 1 ß—

Et pour la nouvelle reapreciation , quatre deniers. —£—ß—ß 4

Peaux de Chien, la charge cy-devant taxée, dix-ſept ſols ſix den. £—ß17ß 6

Et pour la nouvelle reapreciation , le cent, deux ſols
ſix deniers. —————————————————— £—ß 2 ß 6

Peaux de Mouton, habillées en chamois, la douzaine cy-devant
taxée, ſept ſols. ————————————— £—ß 7 ß—

Et pour la nouvelle reapreciation , cinq ſols. ——— £—ß 5 ß—

Peaux de Chevre accouſtrées, êtrangeres, la balle cy-devant
taxée, dix ſols. ————————————— £—ß10ß—

Et pour la nouvelle reapreciation , le cent, trois ſols. £—ß 3 ß—

Peaux de Veaux & Moutons cruës, êtrangeres, le quintal cy-
devant taxé , ſix ſols. ——————————— £—ß 6 ß—

Et pour la nouvelle reapreciation , deux ſols. ——— £—ß 2 ß—

Peaux razes , la charge de trois quintaux cy-devant taxée, dix-
ſept ſols ſix deniers. ————————— £—ß17ß 6

Et pour la nouvelle reapreciation , trois ſols. ——— £—ß 3 ß—

Peaux d'Agneaux & Chevreaux, la douzaine, ſix deniers. —£—ß—ß 6

Et pour la nouvelle reapreciation , ſix deniers. —— £—ß—ß 6

Peaux de Connils, la douzaine cy-devant taxée, trois deniers. £—ß—ß 3

Et pour la nouvelle reapreciation , trois deniers. —£—ß—ß 3

Peaux de Cerf, la piece cy-devant taxée, deux ſols ſix deniers. £—ß 2 ß 6

Et pour la nouvelle reapreciation , ſix deniers. ——— £—ß—ß 6

Peaux de ſenteurs, la douzaine cy-devant taxée, trois livres. £ 3 ß—ß—

Et pour la nouvelle reapreciation , vingt ſols. ——— £ 1 ß—ß—

Peaux de Chien de mer , la balle cy-devant taxée , trois liures
dix ſols. ——————————————— £ 3 ß10ß—

Et pour la nouvelle reapreciation , le cent peſant, cinq
ſols. ———————————————— £—ß 5 ß—

Peaux de Chevres habillées en chamois, ou imprimées, la piece
cy-devant taxée , ſept ſols. —————————— £—ß 7 ß—

Et pour la nouvelle reapreciation , ————————— neant.

Peaux d'Agneaux de Rôme de ſenteur, la douzaine cy-devant
taxée, cinq ſols. ——————————— £—ß 5 ß—

Et pour la nouvelle reapreciation, deux ſols ſix deniers. £—ß 2 ß 6

Peaux de Buffle habillées en jaune, la piece cy-devant taxée ,
treize ſols ſix deniers. ————————— £—ß13ß 6

Et pour la nouvelle reapreciation , ſix ſols ſix deniers. £—ß 6 ß 6

Peaux cruës de Bievre , la piece cy-devant taxée, un ſol. —£—ß 1 ß—

Et pour la nouvelle reapreciation , la piece, deux ſols. £—ß 2 ß—

Peignes à Tiſſerant , la balle cy-devant taxée, vingt ſols. —£ 1 ß—ß—

Et pour la nouvelle reapreciation , quatre ſols. ——— £—ß 4 ß—

Peignes.

Peignes de Roynce, la quaisse cy-devant taxée, trois sols —₶—ß 3 ♉—
    Et pour la nouvelle reapreciation, le cent, un sol.—₶—ß 1 ♉—
Peignes de Languedoc, la quaisse cy-devant taxée , huict sols
    neuf deniers. —————————————————₶—ß 8 ♉ 9
    Et pour la nouvelle reapreciation, le cent, trois sols ₶—ß 3 ♉—
    La charge cy devant taxée, dix-sept sols six deniers.—₶—ß17♉ 6
    Et pour la nouvelle reapreciation, comme dessus. —
Peintures en toille , de pays, le quintal cy-devant taxé, quinze
    sols. ——————————————————₶—ß15♉—
    Et pour la nouvelle reapreciation , voyez *Images*. —
    Estrangeres de toutes sortes, le quintal cy-devant taxé ,
    vingt-cinq sols. ———————————₶ 1 ß 5 ♉—
    Et pour la nouvelle reapreciation, ——————— Idem.
Pelleterie noire de Naples , la balle cy-devant taxée , cinq li-
    vres cinq sols. ——————————————₶ 5 ß 5 ♉—
    Et pour la nouvelle reapreciation,le cent , vingt sols. —₶ 1 ß—♉—
Pelleterie blanche , la balle cy-devant taxée , trente-cinq sols ₶ 1 ß15♉—
    Et pour la nouvelle reapreciation , le cent, quinze sols.₶—ß15♉—
Pelleterie accoustrée , la balle cy-devant taxée, huict liures
    quinze sols. ——————————————₶ 8 ß15♉—
    Et pour la nouvelle reapreciation, le cent, trente sols.₶ 1 ß10♉—
Pelleteries d'Agneaux, & Estrangeres , cy-devant taxées , cinq
    liures cinq sols. ——————————₶ 5 ß 5 ♉—
    Et pour la nouvelle reapreciation, le cent pesant , vingt
    sols. ——————————————————₶ 1 ß—♉—
Pelissons, la charge de trois quintaux cy-devant taxée, cin-
    quante sols. —————————————₶ 2 ß10♉—
    Et pour la nouvelle reapreciation, du cent pesant, cinq
    sols. ———————————————————₶—ß 5 ♉—
Pluche de fleurs , & fil, faite à Geneve, la liure cy-devant ta-
    xée , sept sols. ——————————————₶—ß 7 ♉—
    Et pour la nouvelle reapreciation, deux sols. ———₶—ß 2 ♉—
Perrelle du Puy , pour servir en teinture, la charge cy-devant
    taxée, vingt-deux sols six deniers. ——————₶ 1 ß 2 ♉ 6
    Et pour la nouvelle reapreciatiõ,le cent pesant,cinq sols.₶—ß 5 ♉—
Petenuche , gallette de cocolle, qui procede de la soye, la balle
    cy-devant taxée , vingt-trois sols six deniers ——₶ 1 ß 3 ♉ 6
    Et pour la nouvelle reapreciation , le cent, dix sols.₶—ß10♉—
Picques ferrées,la douzaine cy-devant taxée, deux sols six den.₶—ß 2 ♉ 6
    Et pour la nouvelle reapreciation , un sol six deniers.₶— ß 1 ♉ 6
Pierre émouloire , la balle cy-devant taxée, six sols. ——₶—ß 6 ♉—
    Et pour la nouvelle reapreciation , deux sols. ——₶—ß 2 ♉—
Pierres émouloires êtrangeres, la balle, dix sols. ———₶—ß10♉—
    Et pour la nouvelle reapreciation, cinq sols. ———₶—ß 5 ♉—
Pierres

Pierres d'Arquebuses & Pistolets, la balle cy-devãt taxée, dix sols. _£—ß 10 ß_

    Et pour la nouvelle reapreciation, le cent pesant, deux

    sols. _£—ß 2 ß_

Pierres de Mangayer, pour fonder, le quintal cy-devant taxé,

    un sol. _£—ß 1 ß_

    Et pour la nouvelle reapreciation, deux deniers. _£—ß—ß 2_

Peignes à faire les velours & fustaines, la balle cy-devant taxée,

    vingt sols. _£ 1 ß—ß_

    Et pour la nouvelle reapreciation, cinq sols. _£—ß 5 ß_

Pistolets d'Alemagne, Milan, & autres pays étrangers, la piece

    cy-devant taxée, quinze sols. _£—ß 15 ß_

    Et pour la nouvelle reapreciation, neant.

Pistolets garnis de rouëts, montez, la douzaine cy-devant ta-

    xée, quarante sols. _£ 2 ß—ß_

    Et pour la nouvelle reapreciation, neant.

Platte, ou rozette, le quintal cy-devant taxé, huict sols. _£—ß 8 ß_

    Et pour la nouvelle reapreciation, douze sols. _£—ß 12 ß_

Plomb, le quintal cy-devant taxé, trois sols. _£—ß 3 ß_

    Et pour la nouvelle reapreciation, deux sols. _£—ß 2 ß_

    Et l'Estranger cy-devant taxé, quatre sols quatre den. _£—ß 4 ß 4_

    Et pour la nouvelle reapreciation, trois sols neuf den. _£—ß 3 ß 9_

Plumes d'Austruche d'Orient, la quaisse pesant environ cent

    liures, cy-devant taxée, trente-cinq liures. _£ 35 ß—ß_

    Et pour la nouvelle reapreciation, sept liures dix sols. _£ 7 ß 10 ß_

Plumes d'Aigrettes, la livre cy-devant taxée, sept sols six den. _£—ß 7 ß 6_

    Et pour la nouvelle reapreciation, deux sols. _£—ß 2 ß_

Plumes d'Austruche d'Alexandrie, la quaisse cy-devant taxée,

    vingt-cinq liures. _£ 25 ß—ß_

    Et pour la nouvelle reapreciation, cinq liures. _£ 5 ß—ß_

Plumes pour lict, la balle cy-devant taxée, cinq sols. _£—ß 5 ß_

    Et pour la nouvelle reapreciation, cinq sols. _£—ß 5 ß_

Plumes de Duvet, la balle cy-devant taxée, dix sols. _£—ß 10 ß_

    Et pour la nouvelle reapreciation, le cent, cinq sols. _£—ß 5 ß_

Plumettes rayées de soye, la piece cy-devant taxée, dix sols. _£—ß 10 ß_

    Et pour la nouvelle reapreciation, deux sols. _£—ß 2 ß_

Plumettes sans soye, la piece cy-devant taxée, quatre sols six den. _£—ß 4 ß 6_

    Et pour la nouvelle reapreciation, deux sols. _£—ß 2 ß_

Pots de fer, le quintal cy-devant taxé, seize sols huict deniers. _£—ß 16 ß 8_

    Et pour la nouvelle reapreciation, neant.

    Et la piece cy-devant taxée, deux deniers. _£—ß—ß 2_

    Et pour la nouvelle reapreciation, Idem.

Q

Marchandiſes.

Queuës de draps,ou cappes,le quintal cy devant taxé,huiĉt ſols. ₶—ß 8 ß—
   Et pour la nouvelle reapreciation , deux ſols ——— ₶—ß 2 ß—
Queuës , ou bouts d'eſtamines , le quintal , huiĉt ſols. ——— ₶—ß 8 ß—
   Et pour la nouvelle reapreciation , deux ſols. ——— ₶—ß 2 ß—
Queuës d'eſtaing,le quintal cy-devant taxé,huiĉt ſols neuf den. ₶—ß 8 ß 9
   Et pour la nouvelle reapreciation , deux ſols. ——— ₶—ß 2 ß—
Queuës de Singe,la balle cy-devant taxée, huiĉt ſols neuf den. ₶—ß 8 ß 9
   Et pour la nouvelle reapreciation , trois ſols. ——— ₶—ß 3 ß—
Queuës , ou fonte , le quintal cy-devant taxé , huiĉt ſols. ——— ₶—ß 8 ß—
   Et pour la nouvelle reapreciation , trois ſols. ——— ₶—ß 3 ß—
Quinquaillerie de fer, le quintal cy-devant taxé , ſix ſols. ——₶—ß 6 ß—
   Et pour la nouvelle reapreciation , quatre ſols. ——— ₶—ß 4 ß—
   La balle cy-devant taxée , neuf ſols. ——— ₶—ß 9 ß—
   Et pour la nouvelle reapreciation , à proportion cy-deſ-
   ſus , ſix ſols. ——————— ₶—ß 6 ß—
Quinquaillerie de cuivre,le quintal cy-devant taxé,vingt-un ſol. ₶ 1 ß 1 ß—
   Et pour la nouvelle reapreciation , dix ſols. ——— ₶—ß 10 ß—
Quinquaillerie de fonte ou d'acier , la balle n'excedant deux
   quintaux , cy-devant taxée , douze ſols. ——— ₶—ß 12 ß—
   Et pour la nouvelle reapreciation , quatre ſols. ——₶—ß 4 ß—
Quinquaillerie êtrangere d'Alemagne,la balle cy-devant taxée,
   cinq livres quinze ſols. ——————— ₶ 5 ß 15 ß—
   Et pour la nouvelle reapreciatió,le cent peſant,vingt ſols. ₶ 1 ß— ß—

Eſpiceries & Drogueries.

R

R Aiſins de Corinthe , & autres étrangers , le quintal , pour
   les quatre pour cent , cy-devant taxez , dix ſols. —₶—ß 10 ß—

Et pour la nouvelle reapreçiation , —————————————————— neant.
Raiſins de Damas , le quintal cy-devant taxé, dix ſols. ———ℓ—ß 10 ß——
    Et pour la nouvelle reapreciation, deux ſols ſix deniers. ℓ—ß 2 ß 6
Razure eboris, autrement raclure d'Ivoire, le quintal cy-devant
    taxé , dix ſols. ————————————————————ℓ—ß 10 ß——
    Et pour la nouvelle reapreciation , —————————————— neant.
Reagal , le quintal cy-devant taxé , treize ſols quatre deniers. ℓ—ß 13 ß 4
    Et pour la nouvelle reapreciation , ——————————————— neant.
    Pour les quatre pour cent cy-devant taxez, douze ſols. ℓ—ß 12 ß——
    Et pour la nouvelle reapreciation , trois ſols. ————ℓ—ß 3 ß——
Regliſſe , le quintal cy-devant taxé , quatre ſols trois deniers. ℓ—ß 4 ß 3
    Et pour la nouvelle reapreciation, un ſol neuf deniers. ℓ—ß 1 ß 9
    Pour les quatre pour cent cy-devant taxez, deux ſols. ℓ—ß 2 ß——
    Et pour la nouvelle reapreciation , ſix ſols. ———ℓ—ß 6 ß——
Ris,pour les quatre pour cent,la balle cy-devant taxée,trois ſols. ℓ—ß 3 ß——
    Et pour la nouvelle reapreciation , ſept ſols. ——ℓ—ß 7 ß——
Roſes de Provins , le quintal cy-devant taxé , vingt ſols. ——ℓ 1 ß—ß——
    Et pour la nouvelle reapreciation , cinq ſols. ——ℓ—ß 5 ß——
Rozette , le quintal cy-devant taxé , neuf ſols. ————ℓ—ß 9 ß——
    Et pour la nouvelle reapreciation , ſix ſols. ——ℓ—ß 6 ß——
Rheubarbe , le quintal cy-devant taxé , huict liures deux ſols
    ſix deniers. ———————————————————ℓ 8 ß 2 ß 6
    Et pour la nouvelle reapreciation , ſix livres dix-ſept
    ſols ſix deniers. ————————————————ℓ 6 ß 17 ß 6
    Pour les quatre pour cent cy-devát taxez,cinquante liv. ℓ 50 ß—ß —
    Et pour la nouvelle reapreciation , —————————————— neant.
Reſponti,le quintal cy-devant taxé,quatre liures un ſol trois den. ℓ 4 ß 1 ß 3
    Et pour la nouvelle reapreciation , quatre liures. ——ℓ 4 ß—ß——
    Pour les quatre pour cent cy-devát taxez,vingt-cinq liv. ℓ 25 ß—ß —
    Et pour la nouvelle reapreciation , —————————————— neant.
Rubea major , le quintal cy-devant taxé , quatre ſols. ———ℓ—ß 4 ß——
    Et pour la nouvelle reapreciation , ſix ſols. ———ℓ—ß 6 ß——
Raiſins de Savoye , le quintal cy-devant taxé , cinq ſols. ——ℓ—ß 5 ß——
    Et pour la nouvelle reapreciation , trois ſols. ——ℓ—ß 3 ß——
Raiſins du crû de France , le quintal , cinq ſols. ————ℓ—ß 5 ß——

Marchandiſes.

Racines , la balle cy-devant taxée , quatre ſols. —————ℓ—ß 4 ß——
    Et pour la nouvelle reapreciation,du cent peſant,un ſol. ℓ—ß 1 ß——
Racines de Savoye , la balle cy-devant taxée , cinq ſols. ——ℓ—ß 5 ß——
    Et pour la nouvelle reapreciation,du cent peſant,un ſol. ℓ—ß 1 ß——

Raffes,

Raffes, ou rongneures de peaux, la balle cy-devant taxée, deux
 fols. ——————————————————— ℒ—ß 2 ß——

    Et pour la nouvelle reapreciation, le cent pefant, un fol. ℒ— ß 1 ß——

Raffes de verre, la quaiffe cy-devant taxée, un fol. ———— ℒ—ß 1 ß——

    Et pour la nouvelle reapreciation, du cent pelant, fix
 deniers. ——————————————————— ℒ—ß— ß 6

Reyfort, ou retailles de peaux, la charge cy-devant taxée,
 quatre fols. ———————————————— ℒ—ß 4 ß——

    Et pour la nouvelle reapreciation, deux fols. ——— ℒ—ß 2 ß——

Revefches de Poitou, la piece cy-devant taxée, fept fols fix den. ℒ—ß 7 ß 6

    Et pour la nouvelle reapreciation, ———————————— neant.

Revefches de Florence, la piece cy-devant taxée, fix livres
 treize fols quatre deniers. ——————————— ℒ 6 ß 13 ß 4

    Et pour la nouvelle reapreciation, fix liures. ——— ℒ 6 ß— ß——

Riblon, le millier cy-devant taxé, huict fols. ———— ℒ—ß 8 ß——

    Et pour la nouvelle reapreciation, quatre fols. —— ℒ—ß 4 ß——

    Le quintal cy-devant taxé, deux fols. ——————— ℒ—ß 2 ß——

    Et pour la nouvelle reapreciation, un fol. ———— ℒ—ß 1 ß——

Rongneures de cartes, la charge cy-devant taxée, trois fols. —— ℒ—ß 3 ß——

    Et pour la nouvelle reapreciation, du cent pefant, un
 fol. ————————————————————— ℒ—ß 1 ß——

Rongneures de leton, le quintal cy-devant taxé, cinq fols. —ℒ—ß 5 ß——

    Et pour la nouvelle reapreciation, trois fols. ———— ℒ—ß 3 ß——

Rondelles de Milan garnies de velours, la piece cy-devant taxée, vingt-cinq fols. ——————————— ℒ 1 ß 5 ß——

    Et pour la nouvelle reapreciation, ————————— neant.

Rouchon, la balle cy-devant taxée, un fol fix deniers. —— ℒ—ß 1 ß 6

    Et pour la nouvelle reapreciation, le cent, fix deniers. ℒ—ß— ß 6

Rouleaux d'Angleterre, la piece cy-devant taxée, quatre fols
 fix deniers. ——————————————— ℒ—ß 4 ß 6

    Et pour la nouvelle reapreciation, un fol fix deniers. ℒ—ß 1 ß 6

Rozereaux, le timbre cy-devant taxé, vingt fols. ——— ℒ 1 ß— ß——

    Et pour la nouvelle reapreciation, dix fols. ——— ℒ—ß 10 ß——

Rozettes de France, & autres, la piece en lame, cy-devant
 taxée, quatre fols fix deniers. ——————— ℒ—ß 4 ß 6

    Et pour la nouvelle reapreciation, un fol fix deniers. ℒ—ß 1 ß 6

Roüets d'Arquebufe, voyez *Arquebufe*. ————————

Rubans de Padoüe, la balle cy-devant taxée, douze livres. ℒ 12 ß— ß——

    Et pour la nouvelle reapreciation, la livre, un fol. —ℒ—ß 1 ß——

S

SAffran de France, le quintal cy-devant taxé, huiĉt livres. £ 8 ß—₰—
    Et pour la nouvelle reapreciation, trois liures. ———— £ 3 ß—₰—
    La liure cy-devant taxée, un ſol huiĉt deniers. ——— £—ß 1 ₰ 8
    Et pour la nouvelle reapreciation, ——————————à proportion.
Saffran étranger, le quintal, pour tous droiĉts, cy-devant ta-
    xé, vingt-trois liures ſix ſols huiĉt deniers. ———— £ 23 ß 6 ₰ 8
    Et pour la nouvelle reapreciation, huiĉt liures. ——— £ 8 ß—₰—
    La liure cy-devant taxée, quatre ſols huiĉt deniers. —— £—ß 4 ₰ 8
    Et pour la nouvelle reapreciation, ——————————à proportion.
Saffran baſtard, pour tous droiĉts, le quintal cy-devant taxé,
    vingt ſols. ——————————————————— £ 1 ß—₰—
    Et pour la nouvelle reapreciation, cinq ſols. ——— £—ß 5 ₰—
Sel gemme, le quintal cy-devant taxé, ſix ſols quatre deniers. £—ß 6 ₰ 4
    Et pour la nouvelle reapreciation, un ſol huiĉt deniers. £—ß 1 ₰ 8
Sel armoniac, le quintal cy-devant taxé, trois liures deux ſols
    ſix deniers. ————————————————— £ 3 ß 2 ₰ 6
    Et pour la nouvelle reapreciation, ——————————— neant.
    Pour les quatre pour cent cy-devant taxez, trois livres. £ 3 ß—₰—
    Et pour la nouvelle reapreciation, ——————————— neant.
Salpeſtre, le quintal cy-devant taxé, quatre ſols trois deniers. £—ß 4 ₰ 3
    Et pour la nouvelle reapreciation, ſix ſols neuf deniers. £—ß 6 ₰ 9
    Pour les quatre pour cent cy-devant taxez, douze ſols. £—ß 12 ₰—
    Et pour la nouvelle reapreciation, ——————————— neant.
Salſe-pareille, le quintal cy-devant taxé, trois liures deux ſols
    ſix deniers. ————————————————— £ 3 ß 2 ₰ 6
    Et pour la nouvelle reapreciation, ——————————— neant.
    Pour les quatre pour cent cy-devant taxez, quatre liv. £ 4 ß—₰—
    Et pour la nouvelle reapreciation, ——————————— neant.
Sandal, le quintal cy-devant taxé, dix-ſept ſols ſix deniers. £—ß 17 ₰ 6
    Et pour la nouvelle reapreciation, ——————————— neant.
    Pour les quatre pour cent cy-devant taxez, vingt ſols. £ 1 ß—₰—
    Et pour la nouvelle reapreciation, ——————————— neant.
Sandarache, le quintal cy-devant taxé, quatre ſols trois deniers. £—ß 4 ₰ 3
    Et pour la nouvelle reapreciation, ſix ſols neuf deniers. £—ß 6 ₰ 9
    Pour les quatre pour cent cy-devant taxez, douze ſols. £—ß 12 ₰—
    Et pour la nouvelle reapreciation, huiĉt ſols. ——— £—ß 8 ₰—
Sang de dragon, le quintal cy-devant taxé, trois liures deux ſols
    ſix deniers. ————————————————— £ 3 ß 2 ₰ 6
    Et pour la nouvelle reapreciation, ——————————— neant.
    Pour les quatre pour cent cy-devant taxez, douze liv. £ 12 ß—₰—

Et

Et pour la nouvelle reapreciation , ——————————— neant.
Savon de Marseille à petit pain , ou autre de France, le quintal
cy-devant taxé, deux sols six deniers. ———— ℒ—ß 2 ℥ 6
Et pour la nouvelle reapreciation, cinq sols. —— ℒ—ß 5 ℥—
Savon étranger à petit pain & en plotte, le quintal cy-devant
taxé , trois sols neuf deniers. ————————— ℒ—ß 3 ℥ 9
Et pour la nouvelle reapreciation,cinq sols trois deniers.ℒ—ß 5 ℥ 3
Pour les quatre pour cent cy-devant taxez, six sols.—ℒ—ß 6 ℥—
Et pour la nouvelle reapreciation , six sols. ——— ℒ—ß 6 ℥—
Savon de Gennes à grád pain,le quintal cy-devant taxé,dix sols.ℒ—ß10℥—
Et pour la nouvelle reapreciation, deux sols six deniers.ℒ—ß 2 ℥ 6
Pour les quatre pour cent cy-devant taxez , six sols. —ℒ—ß 6 ℥—
Et pour la nouvelle reapreciation, six sols. ——— ℒ—ß 6 ℥—
Savon de Marseille , & autre de France à grand pain, le quintal
cy-devant taxé , cinq sols. ———————— ℒ—ß 5 ℥—
Et pour la nouvelle reapreciation , cinq sols.——— ℒ—ß 5 ℥—
Salfafra,le quintal cy-devant taxé , sept liures deux sols six den.ℒ 7 ß 2 ℥ 6
Et pour la nouvelle reapreciation , ——————— neant.
Pour les quatre pour cent cy-devant taxez, neuf liures.ℒ 9 ß—℥—
Et pour la nouvelle reapreciation , ——————— neant.
Scamonée , le quintal cy-devant taxé , sept liures deux sols six
deniers. ————————————————ℒ 7 ß 2 ℥ 6
Et pour la nouvelle reapreciation , trois liures dix-sept
sols six deniers. ———————————ℒ 3 ß17℥ 6
Pour les quatre pour cent cy-devant taxez , neuf liures.ℒ 9 ß—℥—
Et pour la nouvelle reapreciation , neuf liures. ——ℒ 9 ß—℥—
Scaviffon , le quintal cy-devant taxé,quarante-sept sols six den.ℒ 2 ß 7 ℥ 6
Et pour la nouvelle reapreciation , deux sols six deniers.ℒ—ß 2 ℥ 6
Pour les quatre pour cent cy-devant taxez , trois liures.ℒ 3 ß—℥—
Et pour la nouvelle reapreciation, vingt sols. ——— ℒ 1 ß—℥—
Sebeftes, le quintal cy-devant taxé , treize sols trois deniers ℒ—ß13℥ 3
Et pour la nouvelle reapreciation , ——————— neant.
Pour les quatre pour cent cy-devant taxez, vingt sols.ℒ 1 ß—℥—
Et pour la nouvelle reapreciation , ——————— neant.
Sené , le quintal cy-devant taxé , treize sols trois deniers. —ℒ—ß 13℥ 3
Et pour la nouvelle reapreciation , seize sols huict den.ℒ—ß 16℥ 8
Pour les quatre pour cent cy-devant taxez, quaráte sol·.ℒ 2 ß—℥—
Et pour la nouvelle reapreciation , quarante sols. ——ℒ 2 ß—℥—
Sené grec , le quintal cy-devant taxé, deux sols quatre deniers.ℒ—ß 2 ℥ 4
Et pour la nouvelle reapreciation, deux sols quatre den.ℒ—ß 2 ℥ 4
Pour les quatre pour cent cy-devant taxez , trois sols
quatre deniers. ———————————ℒ—ß 3 ℥ 4
Et pour la nouvelle reapreciation, quatre sols deux den.ℒ—ß 4 ℥ 2
Semencine, le quintal cy-devant taxé ,trois liures. ——ℒ 3 ß—℥—

S

Et

Et pour la nouvelle reapreciation , ——————————— neant.

Pour les quatre pour cent cy-devant taxez, douze liures. ℒ 12 ß—ᵹ—

Et pour la nouvelle reapreciation , ——————————— neant.

Semence de faulge, le quintal cy-devant taxé, cinq fols dix den. ℒ—ß 5 ᵹ 10

Et pour la nouvelle reapreciation , fix fols deux deniers. ℒ—ß 6 ᵹ 2

Pour les quatre pour cent cy-devant taxez , vingt-cinq fols dix deniers. ————————————— ℒ 1 ß 5 ᵹ 10

Et pour la nouvelle reapreciation , voyez *Semence de Saulge* , fix fols deux deniers. ——————— ℒ—ß 6 ᵹ 2

Semence de Venic, le quintal cy-devant taxé, treize fols quatre deniers. —————————————— ℒ—ß 13 ᵹ 4

Et pour la nouvelle reapreciation , voyez *Idem* , fix fols deux deniers. ——————————— ℒ—ß 6 ᵹ 2

Pour les quatre pour cent cy-devant taxez , vingt-cinq fols trois deniers. ————————— ℒ 1 ß 5 ᵹ 3

Et pour la nouvelle reapreciation , onze fols neuf den. ℒ—ß 11 ᵹ 9

Semorac, le quintal cy-devant taxé , trois fols neuf deniers. ℒ—ß 3 ᵹ 9

Et pour la nouvelle reapreciation , un fol quatre den. ℒ—ß 1 ᵹ 4

Pour les quatre pour cent cy-devant taxez , quatre fols. ℒ—ß 4 ᵹ—

Et pour la nouvelle reapreciation , deux fols. ————— ℒ—ß 2 ᵹ—

Serapin , le quintal cy-devant taxé , trois liures fix deniers. — ℒ 3 ß—ᵹ 6

Et pour la nouvelle reapreciation , ——————————— neant.

Sionac , le quintal cy-devant taxé , trois fols neuf deniers. — ℒ—ß 3 ᵹ 9

Et pour la nouvelle reapreciation , deux fols trois den. ℒ—ß 2 ᵹ 3

Pour les quatre pour cent cy-devant taxez, quatre fols. ℒ—ß 4 ᵹ—

Et pour la nouvelle reapreciation , trois fols. ——————— ℒ—ß 3 ᵹ—

Souchet, ou Cypery, le quintal cy-devant taxé , cinq fols. — ℒ—ß 5 ᵹ—

Et pour la nouvelle reapreciation , deux fols fix deniers. ℒ—ß 2 ᵹ 6

Soulfre , le quintal cy-devant taxé , quatre fols trois deniers. ℒ—ß 4 ᵹ 3

Et pour la nouvelle reapreciation , neuf deniers. — ℒ—ß—ᵹ 9

Pour les quatre pour cent cy-devant taxez, deux fols. ℒ—ß 2 ᵹ—

Et pour la nouvelle reapreciation , douze fols. ——— ℒ—ß 12 ᵹ—

Soulde , le quintal cy-devant taxé , un fol. ————————— ℒ—ß 1 ᵹ—

Et pour la nouvelle reapreciation , deux fols. ———— ℒ—ß 2 ᵹ—

Spermaceti , le quintal cy-devant taxé , trois liures deux fols fix deniers. —————————————— ℒ 3 ß 2 ᵹ 6

Et pour la nouvelle reapreciation , fept fols fix deniers. ℒ—ß 7 ᵹ 6

Pour les quatre pour cent cy-devant taxez, quatre liv. ℒ 4 ß—ᵹ—

Et pour la nouvelle reapreciation , trois liures. ——— ℒ 3 ß—ᵹ—

Spica nardi, le quintal cy-devant taxé, trois liures deux fols fix deniers. ————————————— ℒ 3 ß 2 ᵹ 6

Et pour la nouvelle reapreciation , vingt-deux fols fix deniers. ——————————————— ℒ 1 ß 2 ᵹ 6

Pour les quatre pour cent cy-devant taxez, cinq liures. ℒ 5 ß—ᵹ—

Et

Et pour la nouvelle reapreciation , trois liures. ——— ℔ 3 ß—₰—

Spica Celtica, le quintal cy-devant taxé, treize ſols trois deniers. ℔—ß 13 ₰ 3
   Et pour la nouvelle reapreciation , onze ſols neuf den. ℔—ß 11 ₰ 9
   Pour les quatre pour cent cy-devant taxez , ſeize ſols. ℔—ß 16 ₰—
   Et pour la nouvelle reapreciation , ſeize ſols. ——— ℔—ß 16 ₰—

Spica ſemence , pour tous droicts , cy-devant taxez , trente-
   ſept ſols ſix deniers. ——————————— ℔ 1 ß 17 ₰ 6
   Et pour la nouvelle reapreciation , voyez cy-deſſus,
   onze ſols neuf deniers. ——————— ℔—ß 11 ₰ 9

Spodij , le quintal cy-devant taxé, treize ſols quatre deniers. ——℔—ß 13 ₰ 4
   Et pour la nouvelle reapreciation , ————————— neant.
   Pour les quatre pour cent cy-devant taxez , vingt ſols. ℔ 1 ß—₰—
   Et pour la nouvelle reapreciation , ————————— neant.

Squinant , le quintal cy-devant taxé , quinze ſols. ——— ℔—ß 15 ₰—
   Et pour la nouvelle reapreciation , dix ſols. ——— ℔—ß 10 ₰—

Stafiſagre , le quintal cy-devant taxé , cinq ſols ſix deniers. ——℔—ß 5 ₰ 6
   Et pour la nouvelle reapreciation , quatre ſols ſix den. ℔—ß 4 ₰ 6
   Pour les quatre pour cent cy-devant taxez , quatre ſols. ℔—ß 4 ₰—
   Et pour la nouvelle reapreciation , vingt ſix ſols. ——— ℔ 1 ß 6 ₰—

Sticados , le quintal cy-devant taxé , deux ſols quatre deniers. ℔—ß 2 ₰ 4
   Et pour la nouvelle reapreciation , cinq ſols deux den. ℔—ß 5 ₰ 2
   Pour les quatre pour cent cy-devant taxez , huict ſols. ℔—ß 8 ₰—
   Et pour la nouvelle reapreciation, quatre ſols. ——— ℔—ß 4 ₰—

Stincs , le quintal cy-devant taxé , douze ſols ſix deniers. ——℔—ß 12 ₰ 6
   Et pour la nouvelle reapreciation , ————————— neant.

Storax rouge, le quintal cy-devant taxé, vingt-neuf ſols trois den. ℔ 1 ß 9 ₰ 3
   Et pour la nouvelle reapreciation , vingt ſols neuf den. ℔ 1 ß—₰ 9
   Pour les quatre pour cent cy-devant taxez, quaráte ſols. ℔ 2 ß—₰—
   Et pour la nouvelle reapreciation , quarante ſols. ——℔ 2 ß—₰—

Storax liquide, le quintal cy-devant taxé , vingt-neuf ſols trois
   deniers. ————————————————— ℔ 1 ß 9 ₰ 3
   Et pour la nouvelle reapreciation , ————————— neant.
   Pour les quatre pour cent cy devant taxez , vingt ſols. ℔ 1 ß—₰—
   Et pour la nouvelle reapreciation , quatre ſols. ——— ℔—ß 4 ₰—

Storax calamit , le quintal cy-devant taxé , trente-deux ſols ſix
   deniers. ————————————————— ℔ 1 ß 12 ₰ 6
   Et pour la nouvelle reapreciation , ſept ſols ſix deniers. ℔—ß 7 ₰ 6
   Pour les quatre pour cent cy-devant taxez , quarante
   ſols. ———————————————————— ℔ 2 ß—₰—
   Et pour la nouvelle reapreciation , vingt ſols. ——— ℔ 1 ß—₰—

Sublimé, le quintal cy-devant taxé , treize ſols quatre deniers. ℔—ß 13 ₰ 4
   Et pour la nouvelle reapreciation , trois liures. ——— ℔ 3 ß—₰—
   Pour les quatre pour cent cy-devant taxez , douze ſols. ℔—ß 12 ₰—
   Et pour la nouvelle reapreciation , trois liures dix ſols. ℔ 3 ß 10 ₰—

Sucre

Sucre fin de Valence, le quintal cy-devant taxé, trente-cinq fols. ₤ 1 ß 15 ₰ —
   Et pour la nouvelle reapreciation, cinq fols. ——————— ₤ — ß 5 ₰ —
   Pour les quatre pour cent cy-devant taxez, douze fols. ₤ — ß 12 ₰ —
   Et pour la nouvelle reapreciation, vingt fols. ——— ₤ 1 ß — ₰ —
Sucre de Madere, Canarie, & Candie, le quintal cy-devant
   taxé, vingt-cinq fols. ———————————— ₤ 1 ß 5 ₰ —
   Et pour la nouvelle reapreciation, dix fols. ——— ₤ — ß 10 ₰ —
   Pour les quatre pour cent cy-devant taxez, douze fols. ₤ — ß 12 ₰ —
   Et pour la nouvelle reapreciation, vingt fols. ——— ₤ 1 ß — ₰ —
Sucre de faint Omer, & Caffonade, le quintal cy-devant taxé,
   douze fols fix deniers. ———————————— ₤ — ß 12 ₰ 6
   Et pour la nouvelle reapreciation, dix fols. ——— ₤ — ß 10 ₰ —
   Pour les quatre pour cent cy-devant taxez, douze fols. ₤ — ß 12 ₰ —
   Et pour la nouvelle reapreciation, vingt fols. ——— ₤ 1 ß — ₰ —
Sumac, pour tous droicts, le quintal cy-devant taxé, vingt-trois
   fols trois deniers. ———————————— ₤ 1 ß 3 ₰ 3
   Et pour la nouvelle reapreciation, ——————— neant.
Semence de graine de foye, la liure cy-devant taxée, dix fols. ₤ — ß 10 ₰ —
   Et pour la nouvelle reapreciation, cinq fols. ——— ₤ — ß 5 ₰ —
Semen ben, le quintal cy-devant taxé, treize fols quatre deniers. ₤ — ß 13 ₰ 4
   Et pour la nouvelle reapreciation, ——————— neant.
   Pour les quatre pour cent cy-devant taxez, vingt-cinq
   fols trois deniers. ———————————— ₤ 1 ß 5 ₰ 3
   Et pour la nouvelle reapreciation, ——————— neant.
Scorpion, le quintal cy-devant taxé, douze fols fix deniers. — ₤ — ß 12 ₰ 6
   Et pour la nouvelle reapreciation, ——————— neant.

Marchandifes.

Samis fans foye, la piece cy-devant taxée, vingt-un fol. ——— ₤ 1 ß 1 ₰ —
   Et pour la nouvelle reapreciation, trois fols. ——— ₤ — ß 3 ₰ —
Samis de Florence, la liure cy-devant taxée, dix-neuf fols neuf
   deniers. ———————————————— ₤ — ß 19 ₰ 9
   Et pour la nouvelle reapreciation, cinq fols. ——— ₤ — ß 5 ₰ —
Samis de Bologne & Naples, la liure cy-devant taxée, dix neuf
   fols neuf deniers. ———————————— ₤ — ß 19 ₰ 9
   Et pour la nouvelle reapreciation, cinq fols. ——— ₤ — ß 5 ₰ —
Sangles, la charge de trois quintaux, cy-devant taxée, quinze fols. ₤ — ß 15 ₰ —
   Et pour la nouvelle reapreciation, le cent, cinq fols. — ₤ — ß 5 ₰ —
Sarges d'Afcot larges, la piece cy-devant taxée, douze fols fix den. ₤ — ß 12 ₰ 6
   Et pour la nouvelle reapreciation, deux fols fix deniers. ₤ — ß 2 ₰ 6
Sarges d'Afcot êtroites, la piece cy-devãt taxée, fix fols trois den. ₤ — ß 6 ₰ 3

Et

Et pour la nouvelle reapreciation, un sol trois deniers. ℒ—ß 1 — 3

Sarges d'Arras, la piece cy-devant taxée, neuf sols. ℒ—ß 9 —

Et pour la nouvelle reapreciation, quinze sols. ℒ—ß 15 —

Sarges d'Amiens larges, la piece cy-devant taxée, huict sols. ℒ—ß 8 —

Et pour la nouvelle reapreciation, trois sols. ℒ—ß 3 —

Sarges de Florence, Gennes, Lucques, Milan, & autres êtrangeres semblables, la balle n'excedant deux quintaux, cy-devant taxée, vingt liures. ℒ 20 ß— —

Et pour la nouvelle reapreciation, la piece quatre liures. ℒ 4 ß— —

Le ballon de deux pieces, cy-devant taxé, douze liures. ℒ 12 ß— —

Et pour la nouvelle reapreciation, la piece, quatre liures. ℒ 4 ß— —

Sarges de Paris, Caën & autres semblables, le fonds n'excedant quatre quintaux, cy-devant taxez, cinq liures. ℒ 5 ß— —

Et pour la nouvelle reapreciation, la piece huict sols ℒ—ß 8 —

Sarges d'Orleans, le fonds, charge, ou platteau, n'excedant quatre quintaux, cy-devant taxé, cinq liures. ℒ 5 ß— —

Et pour la nouvelle reapreciation, la piece, trois sols. ℒ—ß 3 —

La piece desdites Sarges cy-devant taxée, cinq sols. ℒ—ß 5 —

Et pour la nouvelle reapreciation, trois sols. ℒ—ß 3 —

Sarges de Tours, le fonds ou charge cy-devant taxé, trois liures. ℒ 3 ß— —

Et pour la nouvelle reapreciation, trois sols. ℒ—ß 3 —

Et la piece desdites Sarges cy-devant taxée, trois sols. ℒ—ß 3 —

Et pour la nouvelle reapreciation, trois sols. ℒ—ß 3 —

Sarges de soye de Venise, la liure cy-devât taxée, vingt-trois sols. ℒ 1 ß 3 —

Et pour la nouvelle reapreciation, sept sols. ℒ—ß 7 —

Sarges de soye de Gennes, la liure cy-devant taxée, dix-huict sols trois deniers. ℒ—ß 18 — 3

Et pour la nouvelle reapreciation, cinq sols neuf den. ℒ—ß 5 — 9

La piece, pour le mandement, cy-devant taxée, trente sols. ℒ 1 ß 10 —

Et pour la nouvelle reapreciation, neant.

Sarges de soye de Florence, Bolongne & Naples, la liure cy-devant taxée, dix-neuf sols neuf deniers. ℒ—ß 19 — 9

Et pour la nouvelle reapreciation, six sols. ℒ—ß 6 —

Sarges de soye, violettes ou incarnattes, la liure cy-devant taxée, trente-neuf sols. ℒ 1 ß 19 —

Et pour la nouvelle reapreciation, neuf sols. ℒ—ß 9 —

Sarges & Cadits de Nismes, la charge de trois quintaux, cy-devant taxée, quatre liures. ℒ 4 ß— —

Et pour la nouvelle reapreciation, la piece trois sols. ℒ—ß 3 —

Sarges teintes en soye, la piece cy-devant taxée, dix sols. ℒ—ß 10 —

Et pour la nouvelle reapreciation, cinq sols. ℒ—ß 5 —

Sarge my-soye, la piece cy-devant taxée, dix huict sols trois den. ℒ—ß 18 — 3

Et pour la nouvelle reapreciation, trois sols neuf den. ℒ—ß 3 — 9

T　　　　Sargette,

Sargette , la charge cy-devant taxée , quinze fols. ————ℒ—ß 15 ϐ—
    Et pour la nouvelle reapreciation , le cent douze fols. ℒ—ß 12 ϐ—
Sargettes de Milan , la piece cy-devant taxée , cinquante fols. ℒ 2 ß 10 ϐ—
    Et pour la nouvelle reapreciation , huict fols. ———ℒ—ß 8 ϐ—
Sarges,& Eftamet de Milan, la piece cy-devant taxée, quarante
    fols. ————————ℒ 2 ß— ϐ—
    Et pour la nouvelle reapreciation , fix fols. ———ℒ—ß 6 ϐ—
Sarges de Geneve , le quintal cy-devant taxé , vingt-cinq fols. ℒ 1 ß 5 ϐ—
    Et pour la nouvelle reapreciation , la piece trois fols. ℒ—ß 3 ϐ—
Satins de Bruges, la piece cy-devant taxée , quinze fols. ——ℒ—ß 15 ϐ—
    Et pour la nouvelle reapreciation , dix fols. ———ℒ—ß 10 ϐ—
Satins avec or ou argent, la liure cy-devant taxée, trente-fix fols. ℒ 1 ß 16 ϐ—
    Et pour la nouvelle reapreciation , neuf fols. ——ℒ—ß 9 ϐ—
Satins brochez d'or & d'argent riches , la liure cy-devant taxée,
    quatre liures un fol. ——ℒ 4 ß 1 ϐ—
    Et pour la nouvelle reapreciation, neuf fols. ——ℒ—ß 9 ϐ—
Satins brochez communs , la liure cy-devant taxée , cinquante-
    huict fols trois deniers. ————ℒ 2 ß 18 ϐ 3
    Et pour la nouvelle reapreciation , fix fols neuf deniers. ℒ—ß 6 ϐ 9
Satins brochez de Venife, la liure cy-devât taxée, vingt-trois fols. ℒ 1 ß 3 ϐ—
    Et pour la nouvelle reapreciation , cinq fols. ——ℒ—ß 5 ϐ—
Satins de Gennes, la liure cy-devant taxée , dix-huict fols quatre
    deniers. ——————ℒ—ß 18 ϐ 4
    Et pour la nouvelle reapreciation , cinq fols ——ℒ—ß 5 ϐ—
    Et la piece, pour le mandement, cy-devât taxée, trois liv. ℒ 3 ß— ϐ—
    Et pour la nouvelle reapreciation , ——————neant.
Satins de Floréce, la liure cy-devât taxée, dix-neuf fols neuf den. ℒ—ß 19 ϐ 9
    Et pour la nouvelle reapreciation , quatre fols trois den. ℒ—ß 4 ϐ 3
Satins de Bologne & Naples, la liure cy-devant taxée, dix-neuf
    fols neuf deniers. ——ℒ—ß 19 ϐ 9
    Et pour la nouvelle reapreciation, quatre fols trois den. ℒ—ß 4 ϐ 3
Satins de Milan, la liure cy-devant taxée, dix-huit fols trois den. ℒ—ß 18 ϐ 3
    Et pour la nouvelle reapreciation , quatre fols neuf den. ℒ—ß 4 ϐ 9
Satins de Lucques, la liure cy-devât taxée, dix-fept fols trois den ℒ—ß 17 ϐ 3
    Et pour la nouvelle reapreciation, quatre fols neuf den. ℒ—ß 4 ϐ 9
Satins violets , ou incarnats cramoifi , de Venife , Florence,
    Milan , Naples & Lucques, la liure cy-devant taxée ,
    trente-neuf fols. ——ℒ 1 ß 19 ϐ—
    Et pour la nouvelle reapreciation , neuf fols. ——ℒ—ß 9 ϐ—
Satins de foye rouge cramoyfi defdits lieux , la liure cy-devant
    taxeé, quarante-huict fols neuf deniers. ——ℒ 2 ß 8 ϐ 9
    Et pour la nouvelle reapreciation , huict fols neuf den. ℒ—ß 8 ϐ 9
Satins brochez communs, la liure cy-devant taxée , cinquante-
    huict fols trois deniers. ——ℒ 2 ß 18 ϐ 3

Et

Et pour la nouvelle reapreciation , voyez cy deſſus pareil article. ————

Sauvagines & Renards étrangers, la balle cy-devant taxée, trois liures dix ſols. ———————————— £ 3 ß 10 ß ——

Et pour la nouvelle reapreciation , le cent dix ſols. —— £ — ß 10 ß ——

Sauvagines & Renards de France , la balle cy-devant taxée , quarante ſols. ———————————— £ 2 ß — ß ——

Et pour la nouvelle reapreciation , neuf deniers. ———— £ — ß — ß 9

Et le quintal cy-devant taxé, vingt-ſix ſols huiĉt deniers. £ 1 ß 6 ß 8

Et pour la nouvelle reapreciation , ——————————— à proportion.

Sandres gravellées , les cent liures cy-devant taxées , deux ſols ſix deniers. ———————————— £ — ß 2 ß 6

Et pour la nouvelle reapreciation , ſept ſols ſix deniers. £ — ß 7 ß 6

Scampoulon , la balle cy-devant taxée , trente ſols. —— £ 1 ß 10 ß ——

Et pour la nouvelle reapreciation, le cent peſant, dix ſols. £ — ß 10 ß ——

Seilles ou berceaux , la charge cy-devant taxée , deux ſols. —— £ — ß 2 ß ——

Et pour la nouvelle reapreciation , ſix deniers. —— £ — ß — ß 6

Sarges d'Orleans, Le quintal cy-devant taxé , trente-deux ſols. £ 1 ß 12 ß

Et pour la nouvelle reapreciation , dix-huiĉt ſols. —— £ — ß 18 ß ——

Seintures & pendans avec or & argent, la piece cy-devant taxée, dix ſols. ———————————— £ — ß 10 ß ——

Et pour la nouvelle reapreciation , cinq ſols. ——— £ — ß 5 ß ——

Seilles blanches, la charge cy-devant taxée, deux ſols ſix deniers. £ — ß 2 ß 6

Et pour la nouvelle reapreciation , huiĉt deniers. —— £ — ß — ß 8

Seilles étrangeres, la charge cy-devant taxée, quatre ſols ſix den. £ — ß 4 ß 6

Et pour la nouvelle reapreciation , un ſol ſix deniers. —— £ — ß 1 ß 6

Serrures , la paire cy-devant taxée , trois deniers. —— £ — ß — ß 3

Et pour la nouvelle reapreciation , un denier. —— £ — ß — ß 1

Servelettes du pays, & autres, la balle cy-devant taxée, dix ſols. £ — ß 10 ß ——

Et pour la nouvelle reapreciation , cinq ſols. —— £ — ß 5 ß ——

Servietes , la piece cy-devant taxée , deux ſols. —— £ — ß 2 ß ——

Et pour la nouvelle reapreciation, trois ſols. —— £ — ß 3 ß ——

Servietes de Flandres , la piece cy-devant taxée , douze ſols ſix deniers. ———————————— £ — ß 12 ß 6

Et pour la nouvelle reapreciation , ſept ſols ſix deniers. £ — ß 7 ß 6

Sonat , ou mouton en blancherie, la balle cy-devant taxée, ſept ſols. ———————————— £ — ß 7 ß ——

Et pour la nouvelle reapreciation , trois ſols. —— £ — ß 3 ß ——

Sochons, la tonnette cy-devant taxée , cinq ſols. —— £ — ß 5 ß ——

Et pour la nouvelle reapreciation , un ſol. —— £ — ß 1 ß ——

Le quintal , deux ſols. ———————————— £ — ß 2 ß ——

Et pour la nouvelle reapreciation , ——————————— à proportion.

Soufflet de Maréchal , la paire , un ſol trois deniers. —— £ — ß 1 ß 3

Et pour la nouvelle reapreciation , deux ſols neuf den. £ — ß 2 ß 9

Souliers,

Souliers , la charge cy-devant taxée , dix fols. ————————⅄—ß 10 ȝ—
    Et pour la nouvelle reapreciation , cinq fols. ————⅄—ß 5 ȝ—
Soyes de mer, Rege, Mamodée, Caderne, Ardeſſe, Canane, Bel-
    ledone, & autres ſemblables, la bale de cent ſoixante,
    poids de marc, cy-devant taxée, douze liures dix fols ⅄ 12 ß 10 ȝ—
    Et pour la nouvelle reapreciation , la liure , cinq fols. ⅄—ß 5 ȝ—
Soyes cruës de Meſſine , Barbarin , Baſſin , Vincence , Alſire &
    Armeries , la bale de cent ſoixante , poids de marc ,
    cy-devant taxée , treize liures dix fols. ——————⅄ 13 ß 10 ȝ—
    Et pour la nouvelle reapreciation , la liure , ſix fols. ——⅄—ß 6 ȝ—
Soyes cruës de Vincence & autres lieux , ouvrées , filées, torſes
    & manufacturées , la balle de cent ſoixante , poids de
    marc , cy-devant taxée , dix-neuf liures dix fols. —⅄ 19 ß 10 ȝ—
    Et pour la nouvelle reapreciation , la liure , ſept fols
    ſix deniers. ——————————————————⅄—ß 7 ȝ 6
Soyes teintes noires , & couleurs ſans cramoyſi , la liure cy-
    vant taxée , dix fols ſix deniers. ——————⅄—ß 10 ȝ 6
    Et pour la nouvelle reapreciation , trois fols. ——⅄—ß 3 ȝ—
Soye rouge cramoyſi, la liure cy-devant taxée , vingt-cinq fols. ⅄ 1 ß 5 ȝ—
    Et pour la nouvelle reapreciation , cinq fols. ——⅄—ß 5 ȝ—
Soye violette , incarnatte, ou cramoyſi de Tours, la liure cy-de-
    vant taxée , huict fols. —————————————⅄—ß 8 ȝ—
    Et pour la nouvelle reapreciation , deux fols. ——⅄—ß 2 ȝ—
Soye teinte en France, la liure cy-devant taxée, deux fols ſix den. ⅄—ß 2 ȝ 6
    Et pour la nouvelle reapreciation , un fol ſix deniers ⅄—ß 1 ȝ 6
Scintures , flaſques garnies de leurs pulverins , eſcarcelles &
    fourreaux d'épée de velours , la douzaine cy-devant
    taxée , treize fols ſix deniers ————————⅄—ß 13 ȝ 6
    Et pour la nouvelle reapreciation , ——————— neant.
Sitrins taillez, la liure cy-devant taxée , un fol. ——⅄—ß 1 ȝ—
    Et pour la nouvelle reapreciation , trois deniers. ——⅄—ß— ȝ 3
Sable du Pont de Royant, venant du Dauphiné, la charge cy-
    devant taxée , deux fols. —————————————⅄—ß 2 ȝ—
    Et pour la nouvelle reapreciation , ——————— neant.
Sablon d'Eſtampes , le quintal cy-devant taxé, deux fols ſix den. ⅄—ß 2 ȝ 6
    Et pour la nouvelle reapreciation , ——————— neant.
Sardines d'Eſpagne , le baril, un fol. ——————⅄—ß 1 ȝ—

Espiceries & Drogueries.

T

TAmaris, le quintal cy-devant taxé, dix sept sols six deniers. ‒ß17 ﭏ 6
Et pour la nouvelle reapreciation, sept sols six deniers. ‒ß 7 ﭏ 6
Pour les quatre pour cent cy-devant taxez , vingt sols. 1 ß—ﭏ —
Et pour la nouvelle reapreciation , vingt sols. ‒ 1 ß—ﭏ —
Terre de Moulard , le baril cy-devant taxé , dix deniers. ‒ß—ﭏ 10
Et pour la nouvelle reapreciation , deux deniers. ‒ß—ﭏ 2
Terra merita , ou courconnie , le quintal cy-devant taxé, treize
sols trois deniers. ‒ß13ﭏ 3
Et pour la nouvelle reapreciation , six sols neuf den. ‒ß 6 ﭏ 9
Pour les quatre pour cent cy-devant taxez , dix sols. ‒ß10ﭏ—
Et pour la nouvelle reapreciation , douze sols. ‒ß12ﭏ—
Terre rouge , le quintal cy-devant taxé , un sol trois deniers. ‒ß 1 ﭏ 3
Et pour la nouvelle reapreciation , ‒‒‒‒‒ neant.
Tercelin , pour tous droicts , la piece cy-devant taxée , sept
sols six deniers. ‒ß 7 ﭏ 6
Et pour la nouvelle reapreciation , ‒‒‒‒‒ neant.
Tournefol , ou orseille , le quintal cy-devant taxé , trente-deux
sols six deniers. 1 ß12ﭏ 6
Et pour la nouvelle reapreciation , ‒‒‒‒‒ neant.
Pour les quatre pour cent cy-devant taxez , vingt sols 1 ß—ﭏ—
Et pour la nouvelle reapreciation , ‒‒‒‒‒ neant.
Tournefol de France en drapeau , le quintal cy-devant taxé,
vingt-deux sols six deniers. 1 ß 2 ﭏ 6
Et pour la nouvelle reapreciation , ‒‒‒‒‒ neant.
Tournefol , ou orseille de France , le quintal cy-devant taxé ,
dix sols. ‒ß10ﭏ—
Et pour la nouvelle reapreciation , ‒‒‒‒‒ neant.
Tournefol de Flandres, cy-devãt taxé, cinquante-sept sols six den. 2 ß17ﭏ 6
Et pour la nouvelle reapreciation , ‒‒‒‒‒ neant.
Therebentine de Venise , cy-devant taxée , trente-deux sols six
deniers. 1 ß12ﭏ 6
Et pour la nouvelle reapreciation , ‒‒‒‒‒ neant.
Pour les quatre pour cent cy-devant taxez , trente sols. 1 ß10ﭏ—
Et pour la nouvelle reapreciation , ‒‒‒‒‒ neant.
Therebentine de Pays , le quintal cy-devant taxé , deux sols. ‒ß 2 ﭏ—
Et pour la nouvelle reapreciation , treize sols. ‒ß13ﭏ—
Therebentine grosse de Suisse, le quintal , douze sols six deniers. ‒ß12ﭏ 6
Et pour la nouvelle reapreciation , ‒‒‒‒‒ neant.
Pour les quatre pour cent cy-devant taxez, dix sols. ‒ß 10ﭏ—
Et pour la nouvelle reapreciation , deux sols. ‒ß 2 ﭏ—

Turbit, le quintal cy-devant taxé, sept liures deux sols six den. £ 7 ß 2 ß 6
    Et pour la nouvelle reapreciation, ———————————— neant.
    Pour les quatre pour cent cy-devant taxez, quarante
    liures. ————————————————— £ 40 ß — ß —
    Et pour la nouvelle reapreciation, ———————————— neant.
Tutie, le quintal cy-devant taxé, trois liures deux sols six deniers. £ 3 ß 2 ß 6
    Et pour la nouvelle reapreciation, ———————————— neant.
Terre sizelée, le quintal, pour tous droicts, cy-devant taxé, cin-
    quante sols. ————————————————— £ 2 ß 10 ß —
    Et pour la nouvelle reapreciation, ———————————— neant.
Tal de Venise, le quintal cy-devant taxé, pour tous droicts, tren-
    te sols. ————————————————— £ 1 ß 10 ß —
    Et pour la nouvelle reapreciation, ———————————— neant.
Tal, le quintal cy-devant taxé, cinquante sols. ———— £ 2 ß 10 ß —
    Et pour la nouvelle reapreciation, ———————————— neant.
    Pour les quatre pour cent cy-devant taxez, trois liures. £ 3 ß — ß —
    Et pour la nouvelle reapreciation, ———————————— neant.
Theriaque, le quintal, pour tous droicts, cy-devant taxé, cinq liv. £ 5 ß — ß —
    Et pour la nouvelle reapreciation, trois liures dix sols. £ 3 ß 10 ß —
Tripoly, le quintal cy-devant taxé, deux sols six deniers. —— £ — ß 2 ß 6
    Et pour la nouvelle reapreciation, ———————————— neant.
Tripoly de Barbarie, le quintal cy-devant taxé, cinq sols. ——— £ — ß 5 ß —
    Et pour la nouvelle reapreciation, ———————————— neant.

Marchandises.

Tabis de soye de Venise broché d'or, cy-devant taxé, cinquante-
    huict sols trois deniers. ——————————— £ 2 ß 18 ß 3
    Et pour la nouvelle reapreciation, six sols neuf deniers. £ — ß 6 ß 9
Tabis & Taffetas de soye de Venise, la liure cy-devant taxée,
    vingt-trois sols. ————————————— £ 1 ß 3 ß —
    Et pour la nouvelle reapreciation, cinq sols. ——— £ — ß 5 ß —
    La piece cy-devant taxée, trente sols. ——— £ 1 ß 10 ß —
    Et pour la nouvelle reapreciation, ———————————— neant.
Tabis de Venise, avec or battu, la liure cy-devant taxée, trente-
    six sols. ————————————————— £ 1 ß 16 ß —
    Et pour la nouvelle reapreciation, dix sols. ——— £ — ß 10 ß —
Tabis avec or, frizez & relevez, la livre cy-devant taxée, quatre
    liures un sol. ———————————————— £ 4 ß 1 ß —
    Et pour la nouvelle reapreciation, onze sols. ——— £ — ß 11 ß —
Tableaux sur bois, de Flandres, le quintal cy-devant taxé, vingt-
    cinq sols. ————————————————— £ 1 ß 5 ß —
Et

Et pour la nouvelle reapreciation , vingt-cinq ſols. ——ℒ 1 ß 5 ℬ——
Taffetas avec or & argent , la liure cy-devant taxée , trente-ſix
ſols. ————————————————ℒ 1 ß16ℬ——
Et pour la nouvelle reapreciation , dix ſols. ————ℒ——ß1cℬ——
Taffetas de Florence , Bolongne & Naples , la liure cy-devant
taxée , dix-neuf ſols neuf deniers. ————————ℒ——ß19ℬ 9
Et pour la nouvelle reapreciation,cinq ſols trois deniers.ℒ——ß 5 ℬ 3
Taffetas de Milan , la liure cy-devant taxée , dix-huit ſols qua-
tre deniers. ————————————————ℒ——ß18ℬ 4
Et pour la nouvelle reapreciation , cinq ſols hui{ct} den.ℒ——ß 5 ℬ 8
Taffetas de Lucques,la liure cy-devant taxée, dix-ſept ſols trois
deniers. ————————————————ℒ——ß17ℬ 3
Et pour la nouvelle reapreciation,cinq ſols trois deniers.ℒ——ß 5 ℬ 3
Taffetas de ſoye rouge cramoyſi , de Veniſe, Florence, Milan,
Naples , & Lucques , la liure cy-devant taxée , qua-
rante-hui{ct} ſols neuf deniers. ————————ℒ 2 ß 8 ℬ 9
Et pour la nouvelle reapreciation , hui{ct} ſols trois den.ℒ——ß 8 ℬ 3
Taffetas violets ou incarnats cramoyſi, la liure cy-devant taxée,
trente-neuf ſols. ————————————ℒ 1 ß19ℬ——
Et pour la nouvelle reapreciation , dix ſols. ————ℒ——ß10ℬ——
Taffetas, ou autres draps de ſoye , raz de Tours , la liure cy-
devant taxée, quatre ſols. ————————ℒ——ß 4 ℬ——
Et pour la nouvelle reapreciation , ſix ſols. ————ℒ——ß 6 ℬ——
Taffetas, ou autres draps de ſoye razez, cramoyſi de Tours , la
livre cy-devant taxée , neuf ſols. ————————ℒ——ß 9 ℬ——
Et pour la nouvelle reapreciation , ſept ſols. ————ℒ——ß 7 ℬ——
Tapis quarrez en laine , la piece cy-devant taxée , quatre ſols
ſix deniers. ————————————————ℒ——ß 4 ℬ 6
Et pour la nouvelle reapreciation, un ſol ſix deniers. ——ℒ——ß 1 ℬ 6
Tapis de Turquie, la balle cy-devant taxée , cinq liures. ——ℒ 5 ß——ℬ——
Et pour la nouvelle reapreciation , la piece, vingt ſols.ℒ 1 ß——ℬ——
Tapis d'Auvergne , la charge du poids de trois quintaux , cy-de-
vant taxée , trente ſols. ————————————ℒ 1 ß10ℬ——
Et pour la nouvelle reapreciation,le cent peſant,dix ſols.ℒ——ß10ℬ——
Taffetas de Gennes, & armoyſin , la liure cy-devant taxée, dix-
hui{ct} ſols quatre deniers. ————————————ℒ——ß18ℬ 4
Et pour la nouvelle reapreciation,ſept ſols hui{ct} deniers.ℒ——ß 7 ℬ 8
Pour les mandemens, chaque piece , trente ſols. ——ℒ 1 ß10ℬ——
Et pour la nouvelle reapreciation , ————————————— neant.
Taffetas de Geneve & Avignon, la liure cy-devant taxée , dix-
huit ſols trois deniers. ————————————ℒ——ß18ℬ 3
Et pour la nouvelle reapreciation,ſept ſols neuf deniers.ℒ——ß 7 ℬ 9
Tapis de Turquie , la piece cy-devant taxée , vingt ſols. ——ℒ 1 ß——ℬ——
Et pour la nouvelle reapreciation , vingt ſols. ——ℒ 1 ß——ℬ——

Tapis

Tapis de Turquie avec soye & or, la piece cy-devant taxée, six
  liures cinq sols. ——————————————— ℔ 6 ß 5 ઠ——
  Et pour la nouvelle reapreciation, quatre liures. —℔ 4 ß——ઠ—
Tapis poil de chien, la piece cy-devant taxée, un sol. ——℔—ß 1 ઠ—
  Et pour la nouvelle reapreciation, deux sols. ——℔—ß 2 ઠ—
Tapisseries de Venise, avec soye & fil, la liure cy-devant taxée,
  onze sols six deniers. ——————————— ℔—ß 11 ઠ 6
  Et pour la nouvelle reapreciation, deux sols six deniers. ℔—ß 2 ઠ 6
Tapisseries de cuir doré d'Espagne, & autres lieux étrangers, la
  balle cy-devant taxée, huict liures. ———————— ℔ 8 ß——ઠ—
  Et pour la nouvelle reapreciation, quarante sols. ——℔ 2 ß——ઠ—
Tapisseries de cuir ouvré de soye, la douzaine cy-devant taxée,
  cinq sols. ————————————————— ℔—ß 5 ઠ—
  Et pour la nouvelle reapreciation, un sol. ———— ℔—ß 1 ઠ—
Tapisseries de Flandres, le fonds ou charge de quatre quintaux,
  vingt-quatre liures. ———————————— ℔ 24 ß——ઠ—
  Et pour la nouvelle reapreciation, le cent pesant, quatre
  liures. ——————————————————— ℔ 4 ß——ઠ—
Tapisseries de Flandres, avec or, argent, & soye, la piece
  cy-devant taxée, dix-huict liures quinze sols. —℔ 18 ß 15 ઠ—
  Et pour la nouvelle reapreciation, six liures. ——— ℔ 6 ß——ઠ—
Tapisseries de Flandres avec soye, le fonds de quatre quintaux
  cy-devant taxé, trente-cinq liures. ————— ℔ 35 ß——ઠ—
  Et pour la nouvelle reapreciation, le cent pesant, six
  liures cinq sols. ————————————— ℔ 6 ß 5 ઠ—
Tapisseries de fueilletin, la charge de trois quintaux cy-devant
  taxée, cinquante sols. ———————————— ℔ 2 ß 10 ઠ—
  Et pour la nouvelle reapreciation, le cent pesant, vingt-
  quatre sols. —————————————— ℔ 1 ß 4 ઠ—
  Le quintal cy-devant taxé, seize sols huict deniers. —℔—ß 16 ઠ 8
  Et pour la nouvelle reapreciation, *Idem*, comme à la
  charge. ——————————————
Tapisseries d'Auvergne & la Marche, la charge cy-devant ta-
  xée, cinquante sols. ————————— ℔ 2 ß 10 ઠ—
  Et pour la nouvelle reapreciation, le cent pesant, quatre
  liures quinze sols. ———————————— ℔ 4 ß 15 ઠ—
Tapisseries de Bourgongne, Bergame, & Espagne, cuir doré,
  la balle cy-devant taxée, huit liures. ——— ℔ 8 ß——ઠ—
  Et pour la nouvelle reapreciation, le cent pesant, qua-
  rante sols. ——————————————— ℔ 2 ß——ઠ—
Tharots, la quaisse cy-devant taxée, neuf liures. ——— ℔ 9 ß——ઠ—
  Et pour la nouvelle reapreciation, ————————neant.
Thaulles de fer à harnois, & autres choses, le quintal cy-de-
  vant taxé, trois sols. ———————————— ℔—ß 3 ઠ—

Et

Et pour la nouvelle reapreciation, un sol. ——————— £— ß 1 ᵹ —

Thaulles de fer pour harnois, & autres êtrangeres, le quintal
cy-devant taxé, quatre sols six deniers. ——————— £— ß 4 ᵹ 6

Et pour la nouvelle reapreciation, un sol six deniers. £— ß 1 ᵹ 6

Thaulaches & espieux de Milan & autres lieux, la piece cy-
devant taxée, six sols huict deniers. ——————— £— ß 6 ᵹ 8

Et pour la nouvelle reapreciation, ——————————— neant.

Thaulaches ou rondelles de Milan, garnies de velours, la piece
cy-devant taxée, dix sols. —————————————— £— ß 10 ᵹ —

Et pour la nouvelle reapreciation, ——————————— neant.

Timbres de martres sublines, l'un portant l'autre, cy-devant
taxez, cinquante liures. ———————————————— £ 50 ß — ᵹ —

Et pour la nouvelle reapreciation, dix liures. ———— £ 10 ß — ᵹ —

Tirtaines & doubleures, la charge cy-devant taxée, trois livres
six sols. ——————————————————————— £ 3 ß 6 ᵹ —

Et pour la nouvelle reapreciation, le cent pesant, dix sols. £— ß 10 ᵹ —

Toilles d'or & d'argent riches, pour tous droicts, sera payé
pour chacune livre de seize onces net, poids de marc,
quatre livres treize sols quatre deniers. ——— ———— £ 4 ß 13 ᵹ 4

Et pour la nouvelle reapreciation, six sols huict deniers. £— ß 6 ᵹ 8

Toilles d'or & d'argent pleines, figurées avec or ou argent, la
livre cy-devant taxée, trente-six sols. ————— £ 1 ß 16 ᵹ —

Et pour la nouvelle reapreciation, dix sols. ——— £— ß 10 ᵹ —

Toilles de soye, la livre cy-devant taxée, vingt-sept sols neuf den. £ 1 ß 7 ᵹ 9

Et pour la nouvelle reapreciation, neuf sols trois den. £— ß 9 ᵹ 3

Toilles de Constance, la charge cy-devant taxée, six livres
quinze sols. —————————————————— £ 6 ß 15 ᵹ —

Et pour la nouvelle reapreciation, le cent pesant, dix sols. £— ß 10 ᵹ —

Toilles d'Alemagne, la piece cy-devant taxée, cinq sols six den. £— ß 5 ᵹ 6

Et pour la nouvelle reapreciation, sept sols six deniers. £— ß 7 ᵹ 6

Toilles de Hainaut & d'Aast, le fardeau n'excedant huict quintaux, cy-devant taxé, quinze livres. ————— £ 15 ß — ᵹ —

Et pour la nouvelle reapreciation, voyez la piece cy-
dessous. ——————————————————

Le quintal cy-devant taxé, trente-sept sols six deniers. £ 1 ß 17 ᵹ 6

Et pour la nouvelle reapreciation, voyez cy-dessous la
piece. ——————————————————

La piece cy-devant taxée, douze sols six deniers. —— £— ß 12 ᵹ 6

Et pour la nouvelle reapreciation, la piece, trois sols
six deniers. ————————————————— £— ß 3 ᵹ 6

Toilles d'Hollande, de quinze à seize aulnes, la piece cy-devant
taxée, seize sols six deniers. ——————————— £— ß 16 ᵹ 6

Et pour la nouvelle reapreciation, ——————————— neant.

Toilles rayées de soye, la piece cy-devant taxée, dix sols. £— ß 10 ᵹ —

X

Et

Et pour la nouvelle reapreciation , deux fols. ——ℒ—ß 2 ℬ—

Toilles rayées fans foye, la piece cy-devant taxée,quatre fols fix
    deniers. ————————————————————ℒ—ß 4 ℬ 6

    Et pour la nouvelle reapreciation,deux fols fix deniers.ℒ—ß 2 ℬ 6

Toilles de Baptifte , Cambray , jaunes & blanches, la piece
    cy-devant taxée , douze fols fix deniers. ———ℒ—ß 12 ℬ 6

    Et pour la nouvelle reapreciation, deux fols fix deniers.ℒ—ß 2 ℬ 6

Toilles de Roüen & Normandie , la balle n'excedant deux
    quintaux , tant blanches que cruës, cy-devant taxée,
    trois liures. ——————————————————ℒ 3 ß— ℬ—

    Et pour la nouvelle reapreciation , le cent pefant, vingt
    fols. ——————————————————————ℒ 1 ß— ℬ—

Toilles d'Autun & Langres , de femblables poids, la balle cy-
    devant taxée , trois liures. ———————————ℒ 3 ß— ℬ—

    Et pour la nouvelle reapreciation, le cent pefant, vingt
    fols. ——————————————————————ℒ 1 ß— ℬ—

Toilles de Peré , & autres femblables , cy-devant taxées , qua-
    rante fols. ————————————————————ℒ 2 ß— ℬ—

    Et pour la nouvelle reapreciation,le cent pefant,dix fols.ℒ—ß 10 ℬ—

Toilles de Belle-ville,Beaujeu, Ville-franche,& autres de Beau-
    jollois, la balle cy-devant taxée , vingt-cinq fols.ℒ 1 ß 5 ℬ—

    Et pour la nouvelle reapreciatiõ,le cent pefant,cinq fols.ℒ—ß 5 ℬ—

    La piece cy-devant taxée , deux fols fix deniers. —ℒ—ß 2 ℬ 6

    Et pour la nouvelle reapreciation , un fol fix deniers.ℒ—ß 1 ℬ 6

Toilles de Màcon, la balle cy-devant taxée , quinze fols.—ℒ—ß 15 ℬ—

    Et pour la nouvelle reapreciation , le cent pefant, fept
    fols fix deniers. ——————————————————ℒ—ß 7 ℬ 6

Toilles rayées de Bourgongne,la piece cy-devãt taxée,trois fols.ℒ—ß 3 ℬ—

    Et pour la nouvelle reapreciation , deux fols. ——ℒ—ß 2 ℬ—

Toilles de Laval , Chaftelleraut , Bretagne , Chaftillon , Bour-
    gongne , Breffe , Scampoulons & Chenettes , la
    balle cy-devant taxée , trente fols. ——————ℒ 1 ß 10 ℬ—

    Et pour la nouvelle reapreciation, du cent pefant, quin-
    ze fols. —————————————————————ℒ—ß 15 ℬ—

Toilles de Tarare, Charlieu , & Forefts , la balle cy-devant
    taxée, vingt fols. ———————————————ℒ 1 ß— ℬ—

    Et pour la nouvelle reapreciation , pour cent pefant,
    cinq fols. —————————————————————ℒ—ß 5 ℬ—

Toilles eftoupieres de Charlieu & Cremieu , la balle cy-devant
    taxée , huict fols. ————————————————ℒ—ß 8 ℬ—

    Et pour la nouvelle reapreciatiõ,le cent pefant,trois fols.ℒ—ß 3 ℬ—

Toilles eftoupieres de Lorraine & Grey , la balle cy-devant ta-
    xée , treize fols. ————————————————ℒ—ß 13 ℬ—

    Et pour la nouvelle reapreciatiõ,du cẽt pefant,cinq fols.ℒ—ß 5 ℬ—

Toilles

Toilles de Provins, Chaumont & Champagne, le fardeau contenant quatre balles, cy-devant taxé, trois liures dix fols. ℓ 3 ß 10 ß —

Et pour la nouvelle reapreciation de chacune balle,
dix-fept fols fix deniers. —————————— ℓ — ß 17 ß 6

Toilles eftoupieres de Forefts, Canevart & Bourras, la piece
cy-devant taxée, un fol. ————————— ℓ — ß 1 ß —

Et pour la nouvelle reapreciation, fix deniers. — ℓ — ß — ß 6

Toilles de ménage, de Paris, Roüen, Autun, Troye, ou Auffonne, la piece cy-devant taxée, fept fols fix deniers. ℓ — ß 7 ß 6

Et pour la nouvelle reapreciation, cinq fols. —— ℓ — ß 5 ß —

Toilles de Bretagne, le quintal cy-devant taxé, quinze fols. ℓ — ß 15 ß —

Et pour la nouvelle reapreciation, vingt-cinq fols. — ℓ 1 ß 5 ß —

Toille virée, la piece, deux fols. ——————— ℓ — ß 2 ß —

Et pour la nouvelle reapreciation, un fol. ——— ℓ — ß 1 ß —

Toilles rayées fans foye, de Flandres, la piece cy-devant taxée,
quatre fols. ——————————————— ℓ — ß 4 ß —

Et pour la nouvelle reapreciation, trois fols fix deniers. ℓ — ß 3 ß 6

Toilles flaines du pays, la balle cy-devant taxée, vingt-cinq fols ℓ 1 ß 5 ß —

Et pour la nouvelle reapreciation, voyez cy deffous la
piece.

La piece cy-devant taxée, trois fols. ————— ℓ — ß 3 ß —

Et pour la nouvelle reapreciation, deux fols. —— ℓ — ß 2 ß —

Toutes Toilles de Bourgongne, groffe, & Peiray, le quintal
cy-devant taxé, trente fols. —————————— ℓ 1 ß 10 ß —

Et pour la nouvelle reapreciation, dix fols. —— ℓ — ß 10 ß —

Toille d'Auffonne, la balle de cent cinquante liures, cy-devant
taxée, quarante-cinq fols. ——————————— ℓ 2 ß 5 ß —

Et pour la nouvelle reapreciation, quinze fols. — ℓ — ß 15 ß —

Toilles flaines de Normandie, la charge cy-devant taxée,
cinq liures. ——————————————— ℓ 5 ß — ß —

Et pour la nouvelle reapreciation, quinze fols. —— ℓ — ß 15 ß —

Toilles flaines de Flandres, la charge cy-devant taxée, fept liv. ℓ 7 ß — ß —

Et pour la nouvelle reapreciation, pour cent, vingt fols. ℓ 1 ß — ß —

Toilles peintes de Flandres, le quintal cy-devant taxé, vingt-
cinq fols. ———————————————— ℓ 1 ß 5 ß —

Et pour la nouvelle reapreciation, quinze fols. —— ℓ — ß 15 ß —

Toilles peintes du pays, le quintal cy-devant taxé, quinze fols. ℓ — ß 15 ß —

Et pour la nouvelle reapreciation, quinze fols. —— ℓ — ß 15 ß —

Toilles rayées de Bourgongne, le quintal cy-devant taxé, vingt
fols. —————————————————— ℓ 1 ß — ß —

Et pour la nouvelle reapreciation, dix fols. —— ℓ — ß 10 ß —

Toille naturelle de Bourgongne, Piné & Lorraine, la piece
cy-devant taxée, douze fols fix deniers. ———— ℓ — ß 12 ß 6

Et pour la nouvelle reapreciation, deux fols fix deniers. ℓ — ß 2 ß 6

Toille

Toille ritte , la piece cy-devant taxée , trois fols. ———————— ℒ — ß 3 ♌ —

    Et pour la nouvelle reapreciation, un fol. ———— ℒ — ß 1 ♌ —

Toilles de Lorraine & Savoye , la balle cy-devant taxée , trente fols. ——————————————————— ℒ 1 ß 10 ♌ —

    Et pour la nouvelle reapreciation , dix fols. ——— ℒ — ß 10 ♌ —

    Le quintal cy-devant taxé , vingt fols. ——— ℒ 1 ß — ♌ —

    Et pour la nouvelle reapreciation , dix fols. ——— ℒ — ß 10 ♌ —

Toilles de Langres groffieres, la balle de deux quintaux , cy-
devant taxée , trente fols. —————— ℒ 1 ß 10 ♌ —

    Et pour la nouvelle reapreciation , quinze fols. ——— ℒ — ß 15 ♌ —

Toilles houppées fans argent , la piece cy-devant taxée, quatre
fols fix deniers. ————————————— ℒ — ß 4 ♌ 6

    Et pour la nouvelle reapreciation, deux fols fix deniers. ℒ — ß 2 ♌ 6

Toilles & Treillis d'Alemagne, la balle , à compofition , cy-devant taxée , trente-trois fols neuf deniers. ——— ℒ 1 ß 13 ♌ 9

    Et pour la nouvelle reapreciation , cy-apres. ———

Toilles de ménage de Savoye, la piece cy-devant taxée, quatre
fols fix deniers. ————————————— ℒ — ß 4 ♌ 6

    Et pour la nouvelle reapreciation, deux fols fix deniers. ℒ — ß 2 ♌ 6

Toilles blanches d'Alemagne , la piece cy-devant taxée , cinq
fols fix deniers. ————————————— ℒ — ß 5 ♌ 6

    Et pour la nouvelle reapreciation, deux fols fix deniers. ℒ — ß 2 ♌ 6

Toilles eftoupieres de Lorraine , la piece , deux fols. ——— ℒ — ß 2 ♌ —

    Et pour la nouvelle reapreciation , deux fols. ——— ℒ — ß 2 ♌ —

Tholles de fer , arnois , & autres chofes , le quintal cy-devant
taxé , trois fols. ————————————— ℒ — ß 3 ♌ —

    Et pour la nouvelle reapreciation , un fol. ——— ℒ — ß 1 ♌ —

    L'Eftranger cy-devant taxé , quatre fols. ——— ℒ — ß 4 ♌ —

    Et pour la nouvelle reapreciation , un fol. ——— ℒ — ß 1 ♌ —

Trippe de velours , la piece cy-devant taxée , onze fols. ——— ℒ — ß 11 ♌ —

    Et pour la nouvelle reapreciation , quatre fols. ——— ℒ — ß 4 ♌ —

Trompes d'Italie , la balle cy-devant taxée, quarante fols. —— ℒ 2 ß — ♌ —

    Et pour la nouvelle reapreciation , dix fols. ——— ℒ — ß 10 ♌ —

Treillis d'Alemagne , la balle cy-devant taxée , trois liures fept
fols fix deniers. ————————————— ℒ 3 ß 7 ♌ 6

    Et pour la nouvelle reapreciation , douze fols fix den. ℒ — ß 12 ♌ 6

Turquins de Turquie , la balle cy-devant taxée, cinq liures. —— ℒ 5 ß — ♌ —

    Et pour la nouvelle reapreciation , cinquante fols. —— ℒ 2 ß 10 ♌ —

Toille de foye nouvelle à faire lingerie , la livre , trois liures dix
fols. ————————————————— ℒ 3 ß 10 ♌ —

Efpiceries & Drogueries.

V

VErdet, la charge cy-devant taxée, vingt-cinq fols. — £ 1 ß 5 ß —
   Et pour la nouvelle reapreciation, ———————————— neant.
Vermillon, autrement Cinabre, le quintal cy-devant taxé,
   trente-cinq fols. ————————————— £ 1 ß 1 5 ß —
   Et pour la nouvelle reapreciation, feize fols fix deniers. £ — ß 16 ß 6
   Pour les quatre pour cent cy-devant taxez, trente-
   deux fols. ————————————— £ 1 ß 1 2 ß —
   Et pour la nouvelle reapreciation, trois liures ——— £ 3 ß — ß —
Vif-argent, le quintal, pour les quatre pour cent cy-devant
   taxez, vingt-quatre fols. ————————— £ 1 ß 4 ß —
   Et pour la nouvelle reapreciation, feize fols. ——— £ — ß 16 ß —
Vif-argent, le ballon pefant cent cinquante liures, payera
   quarante-cinq fols. ————————————— £ 2 ß 5 ß —
   Et pour la nouvelle reapreciation, ——————— à proportion.
Vitriol, le quintal cy-devant taxé, à quatre fols trois deniers. £ — ß 4 ß 3
   Et pour la nouvelle reapreciation, ——————— neant.
   Pour les quatre pour cent cy-devant taxez, huict fols. £ — ß 8 ß —
   Et pour la nouvelle reapreciation, ——————— neant.
Vitriol du pays, le quintal cy-devant taxé, trois fols quatre den. £ — ß 3 ß 4
   Et pour la nouvelle reapreciation, trois fols quatre den. £ — ß 3 ß 4
Vuftum, le quintal cy-devant taxé, treize fols trois deniers. £ — ß 13 ß 3
   Et pour la nouvelle reapreciation, feize fols neuf den. £ — ß 16 ß 9
   Pour les quatre pour cent cy-devant taxez, vingt fols £ 1 ß — ß —
   Et pour la nouvelle reapreciation, vingt-huict fols — £ 1 ß 8 ß —
Vert en veície, le quintal cy-devant taxé, cinq fols. —— £ — ß 5 ß —
   Et pour la nouvelle reapreciation, feize fols fix deniers £ — ß 16 ß 6
Verny, le quintal cy-devant taxé, quinze fols. ——— £ — ß 15 ß —
   Et pour la nouvelle reapreciation, ——————— neant.
Efcuelle de Vermillon, la douzaine, un fol. ———— £ — ß 1 ß —

Marchandifes.

Vaiffelle de Fayence & autres lieux d'Italie, la quaiffe cy-devant
   taxée, fept livres. ————————————— £ 7 ß — ß —
   Et pour la nouvelle reapreciation, le cent pefant . dix
   fols. ————————————————— £ — ß 10 ß —
Vannes de toille picquées, la piece cy devant taxée, vingt fols. £ 1 ß — ß —
   Et pour la nouvelle reapreciation, fix fols. ———— £ — ß 6 ß —

Y   Vannes

Vannes de taffetas deffus & deffous picquées, la piece cy-devant taxée, trois livres. —————————————— ₤ 3 ß—ẞ—

Et pour la nouvelle reapreciation, vingt fols. ——— ₤ 1 ß—ẞ—

Vannes de taffetas, d'un côté & de l'autre, toile ou fuftaine,
cy-devant taxée, quarante fols. ——————— ₤ 2 ß—ẞ—

Et pour la nouvelle reapreciation, treize fols. ——— ₤—ß 13 ẞ—

Vaches de Rouffy, la piece cy-devant taxée, cinq fols. —— ₤—ß 5 ẞ—

Et pour la nouvelle reapreciation, trois fols. ——— ₤—ß 3 ẞ—

Vaches de Levant habillées, la piece cy-devant taxée, trois fols. ₤—ß 3 ẞ—

Et pour la nouvelle reapreciation, deux fols. ——— ₤—ß 2 ẞ—

Velins, la balle cy-devant taxée, vingt fols. ——— ₤ 1 ß—ẞ—

Et pour la nouvelle reapreciation, fix fols. ——— ₤—ß 6 ẞ—

Velours de Tollette, & autres petits Velours femblables, la liure
cy-devant taxée, dix-neuf fols neuf deniers. —— ₤—ß 19 ẞ 9

Et pour la nouvelle reapreciation, fix fols trois deniers. ₤—ß 6 ẞ 3

Velours d'Avignon, Valence & Boulongne, la liure cy-devant
taxée, vingt-deux fols. ——————————— ₤ 1 ß 2 ẞ—

Et pour la nouvelle reapreciation, huict fols. ——— ₤—ß 8 ẞ—

Velours de Florence, Lucques, Milan, Naples, Venife & Ferrare,
la liure cy-devant taxée, vingt-huict fols. ——— ₤ 1 ß 8 ẞ—

Et pour la nouvelle reapreciation, huict fols. ——— ₤—ß 8 ẞ—

Velours de Reige, Modenes, & Conftance, la livre cy-devant
taxée, vingt-deux fols neuf deniers. ————— ₤ 1 ß 2 ẞ 9

Et pour la nouvelle reapreciation, fept fols trois deniers. ₤—ß 7 ẞ 3

Velours de Gennes, la livre cy-devant taxée, vingt-deux fols. ₤ 1 ß 2 ẞ—

Et pour la nouvelle reapreciation, huict fols. ——— ₤—ß 8 ẞ—

Velours de Gennes, pour les mandemens, la piece cy-devant
taxée, fept livres cinq fols. ——————— ₤ 7 ß 5 ẞ—

Et pour la nouvelle reapreciation, ————————————— neant.

Velours rouge cramoyfi de Gennes, la livre cy-devant taxée,
quarante-cinq fols. ——————————— ₤ 2 ß 5 ẞ—

Et pour la nouvelle reapreciation, cinq fols. ——— ₤—ß 5 ẞ—

Velours rouge cramoyfi de Gennes, pour les mandemens, la
piece cy-devant taxée, fix livres. ——————— ₤ 6 ß—ẞ—

Et pour la nouvelle reapreciation, ————————————— neant.

Velours violet & incarnat cramoyfi, la livre cy-devant taxée,
trente-fept fols trois deniers. ——————— ₤ 1 ß 17 ẞ 3

Et pour la nouvelle reapreciation, fept fols neuf deniers. ₤—ß 7 ẞ 9

Velours violet & incarnat cramoyfi de Gennes, la piece cy-
devant taxée, fix livres. ——————————— ₤ 6 ß—ẞ—

Et pour la nouvelle reapreciation, ————————————— neant.

Velours rouge cramoyfi de Florence, Venife, Lucques, Milan,
& de tous autres pays êtrangers, la livre cy-devant
taxée, quarante-huict fols neuf deniers. ——— ₤ 2 ß 8 ẞ 9

Et

Et pour la nouvelle reapreciation , un fol trois deniers. £—ß 1 ß 3

Velours violet ou incarnat cramoyſi defdits lieux , la livre cy-
    devant taxée , quarante fols quatre deniers. ——— £ 2 ß—ß 4

Et pour la nouvelle reapreciation , quatre fols huiᴅ
    deniers. ——————————————— £—ß 4 ß 8

Velours noir ou couleur , de Tours , la livre cy-devant taxée ,
    fix fols. ————————————— £—ß 6 ß—

Et pour la nouvelle reapreciation , fix fols. ——— £—ß 6 ß—

Velours & autres draps de foye raz , rouge cramoyſi , de Tours,
    la livre cy-devant taxée , neuf fols. ——— £—ß 9 ß—

Et pour la nouvelle reapreciation , fix fols. ——— £—ß 6 ß—

Velours de Geneve de toutes couleurs, la livre cy-devant taxée,
    vingt-cinq fols. —————————— £ 1 ß 5 ß—

Et pour la nouvelle reapreciation , cinq fols. ——— £—ß 5 ß—

Velours de Ville-neufve , Selon , de Craux , & autres lieux de
    Provence , la livre cy-devant taxée , fix fols. —— £—ß 6 ß—

Et pour la nouvelle reapreciation , fix fols. ——— £—ß 6 ß—

Velours à fonds d'or ou d'argent, la livre cy-devant taxée , qua-
    rante-deux fols neuf deniers. ————— £ 2 ß 2 ß 9

Et pour la nouvelle reapreciation , douze fols trois den. £—ß 12 ß 3

Vaiſſelle d'argent , le marc cy-devant taxé , vingt fols. —— £ 1 ß—ß—

Et pour la nouvelle reapreciation , ——————————— neant.

Vaiſſelle d'eſtain , le cent cy-devant taxé , vingt-cinq fols. — £ 1 ß 5 ß—

Et pour la nouvelle reapreciation , le cent , dix fols. £—ß 10 ß—

Vergettes de Paris , le quintal cy-devant taxé , huiᴅ fols. — £—ß 8 ß—

Et pour la nouvelle reapreciation , huiᴅ fols. —— £—ß 8 ß—

Vergettes de Roüen , le tonneau n'excedant cinq quintaux ,
    cy-devant taxé , quarante fols. —————— £ 2 ſ—ß—

Et pour la nouvelle reapreciation , vingt fols. —— £ 1 ß—ß—

Vergettes étrangeres , le quintal cy-devant taxé , quatorze fols. £—ß 14 ß—

Et pour la nouvelle reapreciation , dix fols. ——— £—ß 10 ß—

Verre de Veniſe , la quaiſſe cy-devant taxée , fept livres. —— £ 7 ß—ß—

Et pour la nouvelle reapreciation , ——————————— neant.

Verre à faire miroirs ou vitres , la quaiſſe cy-devant taxée ,
    fept fols. ————————————— £—ß 7 ß—

Et pour la nouvelle reapreciation , trois fols. ——— £—ß 3 ß—

Verre la charrette à un cheval , cy-devant taxée , fept fols. — £—ß 7 ß—

Et pour la nouvelle reapreciation , cinq fols. ——— £—ß 5 ß—

Verres de Dauphiné , & autres femblables , la charge cy-de-
    vant taxée , deux fols. ———————— £—ß 2 ß—

Et pour la nouvelle reapreciation , deux fols. —— £—ß 2 ß—

Verres de bretelles , cy-devant taxez , fept fols. ——— £—ß 7 ß—

Et pour la nouvelle reapreciation , trois fols. ——— £—ß 3 ß—

Vieilles caboches , le quintal cy-devant taxé , deux fols. —— £—ß 2 ß—

Et

Et pour la nouvelle reapreciation, deux fols. ———ℓ—ß 2 ß—

Vieilles armes, la balle cy-devant taxée, trente fols. ———ℓ 1 ß 10ß—

Et pour la nouvelle reapreciation, voyez *Armes*. ——

Vieux corfelets, la piece cy-devant taxée, cinq fols. ———ℓ—ß 5 ß—

Et pour la nouvelle reapreciation, voyez *Idem*. ——

Volans, le quintal cy-devant taxé, quatre fols. ———ℓ—ß 4 ß—

Et pour la nouvelle reapreciation, dix fols. ———ℓ—ß 10ß—

Vaiffelle de terre, la douzaine, quatre deniers. ———ℓ—ß—ß 4

Vermichely & femoulle, le quintal, fix fols. ———ℓ—ß 6 ß—

Efpiceries & Drogueries.

Z

Zedoart, pour tous droicts, le quintal cy-devant taxé, deux
livres fept fols fix deniers. ———ℓ 2 ß 7 ß 6

Et pour la nouvelle reapreciation, ——— neant.

Pour les quatre pour cent cy-devant taxez, trois liures. ℓ 3 ß—ß—

Et pour la nouvelle reapreciation, ——— neant.

ET GENERALEMENT toutes autres fortes de Marchandifes, Drogueries, Efpiceries, & autres de quelques qualitez qu'elles foient, qui ne font
cy-deffus fpecifiées & declarées, encore que par cy-devant il n'ait été levé
aucune chofe fur icelles, payeront à l'equipollent, à la raifon que deffus,
lefdits droicts, fuivant la Taxe qui en fera faite par les Officiers, Fermiers,
ou Commis.

FAIT au Confeil d'Eftat du Roy, tenu pour fes Finances. A Thouloufe,
le vingt-feptiéme jour d'Octobre mil fix cens trente-deux.

Signé, LE RAGOIS.

Lettres de Commiffion du Roy, pour l'eftabliffement des droicts de Reapreciation de la Doanne de Lyon.

OUIS PAR LA GRACE DE DIEU, ROY DE FRANCE ET DE NAVARRE, A nôtre amé & feal Confeiller ordinaire en nôtre Confeil d'Eftat, le Sieur de Moticq, Salut. Ayant par nos Lettres de declaration du quatorziéme Août mil fix cens trente-deux, Ordonné la Reapreciation de nos droicts de Traite-Foraine, Refve, Domaine forain, & Haut-paffage, Traite Domaniale fur les danrées & marchandifes fortans hors nôtre Royaume, pour être portées aux pays Eftrangers, & aux Provinces où nos Aydes n'ont cours, & les droicts d'entrée fur les marchandifes d'or, d'argent, & de foye, Efpiceries, Drogueries, & autres Marchandifes dependants des cinq groffes Fermes de France, Doanne de Lyon, Traitte d'Anjou & de Poictou, efcu pour tonneau de mer de Normandie, & Tablier de la Rochelle; fuivant les Eftats qui en ont été arrêtez en nôtre Confeil le vingt-feptiéme Octobre audit an ; Novs aurions, dés ledit jour vingt-feptiéme Octobre, fait expedier & addreffer nos Lettres de Commiffion aux Prefidens, & Treforiers de France des Generalitez de l'étenduë defdites Fermes, pour faire faire l'établiffement, levée & perception des Droicts d'icelle, tant anciens que nouveaux, & mettre en poffeffion Maître Jean de la Grange, qui avoit traité avec Nous de l'union defdites Fermes & Droicts, en attendant l'enregiftrement de nofdites Lettres de Declaration, & du Bail qui luy en feroit expedié. Et voulans les Treforiers de France à Lyon proceder à l'execution de nofdites Lettres de Commiffion, pour ce qui eft perceptible defdits droicts, en l'étenduë de leur Generalité, ils en auroient été empêchez par l'émotion populaire, & incendie arrivé en nôtredite Ville de Lyon ; pour raifon de-quoy le procez auroit été fait & parfait aux coulpables, & les principaux Autheurs de ladite émotion executez à mort. Et depuis, lefdites Fermes - unies ayant été publiées en nôtre Confeil à divers jours, elles auroient été adjugées à Maître André de la Foffe

Z

pour

pour dix années, commencées le premier jour de Janvier dernier, à la reſer-
ve de trente-cinq ſols pour muid de ſel , qui s'enleve des marais ſalins de
Brouages & Iſles en dependans , & du pouvoir baillé audit de la Grange par
ſon traité, de rembourſer le prix de l'engagement des droicts d'entrée de
Drogueries & Eſpiceries, & Tablier de la Rochelle ; leſquelles Fermes &
Droicts Nous avons exceptez de l'adjudication, pour en diſpoſer ainſi que
bon Nous ſemblera : Enſuite Nous aurions fait expedier autres nos Lettres
de Commiſſion auſdits Treſoriers de France de Lyon, pour faire faire l'établiſſement , levée & perception deſdits droicts anciens & nouveaux , &
mettre en poſſeſſion deſdites Fermes, ledit de la Foſſe, & ſes Procureurs. Ce
que voulant être promptement executé, en attendant l'enregiſtrement de
noſdites Lettres de Declaration du quatorziéme Août dernier , & du Bail
qui ſera expedié audit de la Foſſe. A CES CAUSES, de l'advis de nôtre
Conſeil, & de nôtre plaine puiſſance & authorité Royale, Nous vous man-
dons, ordonnons,& tres-expreſſement enjoignons, par ces preſentes ſignées
de nôtre main , de faire faire l'établiſſement, levée & perception des droicts,
tant anciens que nouveaux, deſdites cinq groſſes Fermes & Doanne de Lyon,
& à cet effet mettre en poſſeſſion d'icelles ledit de la Foſſe, ſes Procureurs &
Commis , pour en joüir ſuivant ledit état de Reapreciation arrêté en nôtre
Conſeil le vingt-ſeptiéme d'Octobre dernier , cy-devant envoyé à noſdits
Treſoriers de France à Lyon , lequel Nous voulons être obſervé de point en
point ſelon ſa forme & teneur , & que d'iceluy il ſoit fait un Tableau, pour
être mis & appoſé en tous les Bureaux, afin que chacun ſçache ce qu'il doit
payer pour l'Entrée, paſſage & ſortie de ſa marchandiſe , & qu'au payement
deſdits droicts , les Marchands , & toutes autres perſonnes que beſoin ſera ,
ſoient contraints par les voyes accoûtumées en tel cas , mêmes les Commis
dudit de la Grange, comme pour nos deniers & affaires, de compter comme
de Clerc à Maître avec ledit de la Foſſe, ſes Procureurs & Commis , & payer
tous les deniers qu'ils ont receu deſdites cinq groſſes Fermes & Doanne de
Lyon , depuis ledit jour premier Janvier dernier , juſques au jour de leur de-
poſſeſſion , & de leurs remettre és mains les Declarations , Regiſtres des Re-
ceptes , Controolles , Paſſeports , & autres pieces juſtificatives de ladite Re-
cepte ; en quoy faiſant ils en demeureront valablement déchargés. De ce faire
vous donnons pouvoir, authorité, commiſſion & mandement ſpecial, non-
obſtant oppoſitions ou appellations quelconques, dont ſi aucunes inter-
viennent , Nous nous en ſommes reſervé la connoiſſance en nôtredit Conſeil, & icelle interdite & defenduë à toutes nos Cours de Parlement & des
Aydes , & autres Juges, juſques à ce que noſdites Lettres de Declaration
ayent été regiſtrées. ORDONNONS auſſi , & enjoignons à nôtre amé &
feal Chevalier de nos Ordres, Conſeiller en nôtre Conſeil d'Eſtat, Gouver-
neur , & nôtre Lieutenant general en ladite Ville & Pays de Lyonnois, Foreſts, & Beaujollois, Prevôt des Marchands & Echevins, Maîtres des Ports,
& autres nos Officiers, de tenir la main , à ce que ledit de la Foſſe, ſes Procureurs & Commis, puiſſent en toute liberté faire payer noſdits droits : Et

commandons

commandons à nôtre Huissier ou Sergent premier sur ce requis, de faire toutes contraintes, executions & saisies pour raison de ce, sans demander autre
congé ny permission : Et sera foy adjoûtée comme à l'original, aux copies col-
lationnées des presentes par l'un de nos amez & feaux Conseillers & Secretaires, car tel est nôtre plaisir. DONNE' à Saint Germain en Laye le trei-
ziéme jour de Fevrier, l'an de grace, mil six cens trente-trois, & de nôtre
regne, le vingt-troisiéme. Signé LOUIS. Et plus bas, Par le Roy,
PHELIPEAUX. Et scellé du grand Seel de cire jaune.

Du Procez verbal de Monsieur de Moricq, Conseiller ordi-
naire au Conseil d'Estat du Roy, portant l'établissement
dudit Droit en la Ville de Lyon, le troisiéme jour de Mars
mil six cens trente-trois, a été extrait ce qui ensuit.

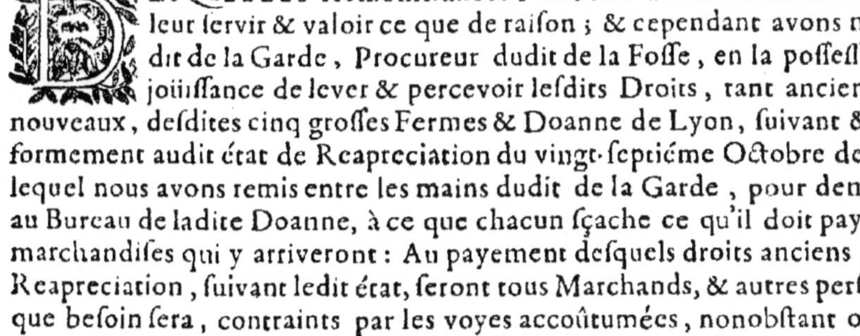

ESQUELLES Remonstrances Nous leur avons donné acte, pour
leur servir & valoir ce que de raison ; & cependant avons mis ledit de la Garde, Procureur dudit de la Fosse, en la possession &
joüissance de lever & percevoir lesdits Droits, tant anciens que
nouveaux, desdites cinq grosses Fermes & Doanne de Lyon, suivant & con-
formement audit état de Reapreciation du vingt-septiéme Octobre dernier,
lequel nous avons remis entre les mains dudit de la Garde, pour demeurer
au Bureau de ladite Doanne, à ce que chacun sçache ce qu'il doit payer des
marchandises qui y arriveront : Au payement desquels droits anciens, & de
Reapreciation, suivant ledit état, seront tous Marchands, & autres personnes
que besoin sera, contraints par les voyes accoûtumées, nonobstant opposi-
tions ou appellations quelconques, deffenses à toutes personnes de l'y trou-
bler. Enjoint aux Juges de ladite Doanne d'y tenir la main, à peine d'en ré-
pondre en leurs propres & privez noms ; & audit de la Garde de faire faire un
Tableau en parchemin dudit état, qui sera collationné, sur ledit original, par
deux Secretaires du Roy, pour demeurer audit Bureau, auquel on aura recours. Et ce fait, sera ledit original porté & remis, par ledit de la Garde, au
Greffe du Bureau des Finances de cette Ville de Lyon, pour y avoir recours
quand besoin sera : à la fin duquel Tableau, qui demeurera audit Bureau, sera
inserée copie de nosdites Lettres de Commission, & de nôtre Procez verbal.
Signé, DE JUYE. *Et plus bas, par mondit Sieur*, CHULOT.

Collationné aux originaux par Nous Conseiller & Secretaire du Roy,
Maison & Couronne de France, & de ses Finances.

ESTAT DES MARCHANDISES
qui avoient été obmises dans le Tarif de la Doanne
de Lyon, arrêté au Conseil du Roy le vingt-
septiéme Octobre dernier;

*Desquelles l'appreciation a été faite par les Officiers de ladite
Doanne, suivant le pouvoir donné par sa Majesté
les jour & an que dessus.*

A SAVOIR.

A

AGNUS Castus, le quintal, sept sols six deniers. ———ℓ—ß 7 ℔ 6
Aigre de Cedre, le quintal, cinq livres.———ℓ 5 ß—℔—
Almandes de païs, le quintal, six sols.———ℓ—ß 6 ℔—
Almidon étranger, le quintal, seize sols.———ℓ—ß 16 ℔—
Anis lavé étranger, le quintal, comme l'Anis étranger, une
livre dix-huit sols.———ℓ 1 ß 18 ℔—

B

BArracan fil , & laine , la piece de 20. aulnes , quinze fols. £—ß 15 ₰—

Bafanne marroquinée , le quintal , unze fols. ————————— £—ß 11 ₰—

Baudriers à la mode , comme Baudrier à gallon d'or & d'argent, la piece, cinq fols. ——————————————— £—ß 5 ₰—

Baume du Perou , le quintal , vingt livres. ———————— £ 20 ß—₰—

Bazin de Montpelier, la piece , fept fols.————————— £—ß 7 ₰—

Blanc de plomb , le quintal , unze fols. ——————————— £—ß 11 ₰—

Boccaffin, la piece de dix aulnes , deux fols fix deniers. ——— £—ß 2 ₰ 6

Bois à faire boëttes blanches , le quintal , un fol fix deniers. £—ß 1 ₰ 6

Bois de Crable , le quintal , deux livres dix fols fix deniers. — £ 2 ß 10 ₰ 6

Bois de Picques non ferrées , la douzaine, deux fols. ——— £—ß 2 ₰—

Bois de Linfticque , le quintal , huit fols.———————— £—ß 8 ₰—

Bois d'Olivier , le quintal , cinq fols. ————————— £—ß 5 ₰—

Bois à faire cribles , & tamis , le quintal , deux fols. ——— £—ß 2 ₰—

Bois de Buis , le quintal , cinq fols. ——————————— £—ß 5 ₰—

Bois de Storax , le quintal , quinze fols.———————— £—ß 15 ₰—

Bois de Santal , le quintal , quinze fols. ————————— £—ß 15 ₰—

Bois de Picques ferrées , voyés Picques. ——————

Bois de Violettes , le quintal , fept fols. ————————— £—ß 7 ₰—

Bol, le quintal , dix fols. —————————————————— £—ß 10 ₰—

Bonnets de toile picquée , la douzaine , fix fols.————— £—ß 6 ₰—

Bonnets de fil pour femme , la douzaine , quatre fols. ——— £—ß 4 ₰—

Boulay, ou Mefches , le quintal , fix fols huit deniers. ——— £—ß 6 ₰ 8

Bourre de Chameaux, le quintal , huit fols. ——————— £—ß 8 ₰—

Bources à la mode , la douzaine , dix fols. ——————— £—ß 10 ₰—

Bources en broderie or & argent , la douzaine, vingt fols.——— £ 1 ß—₰—

Bouton de fil blanc , à moule de bois , la livre , deux fols.—— £—ß 2 ₰—

Bouton de fil blanc de France , la livre net , trois fols. ——— £—ß 3 ₰—

Bouton de crain , la livre , un fol fix deniers.—————— £—ß 1 ₰ 6

Bruyeres accouftrées de France , le quintal , dix fols. ——— £—ß 10 ₰—

Burail d'Arles , la piece , unze fols. ——————————— £—ß 11 ₰—

Burail de Zuricq, la Bale, voyés Burail de Bergame, & la piece à proportion.————————————————————

C

CAchaos, le quintal, deux livres dix fols. ———————— ℒ 2 ß 10 ℔ —
Caffé, le quintal, huit fols neuf deniers. ——————— ℒ — ß 8 ℔ 9
Camelot d'Amiens, la piece de dix aulnes, cinq fols. ——— ℒ — ß 5 ℔ —
Cannes de jonc, le quintal, deux fols fix deniers. ———— ℒ — ß 2 ℔ 6
Capiton teint, le quintal, huit livres. ————————— ℒ 8 ß — ℔ —
Carcaillons ou boutons de verre, le quintal, trois fols ——— ℒ — ß 3 ℔ —
Carton fin êtranger, le quintal, neuf fols. ————— ℒ — ß 9 ℔ —
Carton de païs, le quintal, quatre fols fix deniers. ——— ℒ — ß 4 ℔ 6
Carton commun êtranger, le quintal, quatre fols. ——— ℒ — ß 4 ℔ —
Idem de Païs, le quintal, deux fols. ———————— ℒ — ß 2 ℔ —
Carolicum, le quintal, une livre cinq fols. ————— ℒ 1 ß 5 ℔ —
Chapeau de Vigonne, la piece, cinq fols. ————— ℒ — ß 5 ℔ —
Chapelets d'Albaftre d'Italie, le quintal, fept livres. —— ℒ 7 ß — ℔ —
Chaucolat, le quintal, cinq livres. —————————— ℒ 5 ß — ℔ —
Chevelieres de Flandres à jour, la livre, deux fols. —— ℒ — ß 2 ℔ —
Cheveux, la livre, cinq fols. ———————————— ℒ — ß 5 ℔ —
Ciperus, le quintal, fix fols. ———————————— ℒ — ß 6 ℔ —
Citrons, la charge de Mulet, fix fols. ————— ℒ — ß 6 ℔ —
Coquilles de Nacre brut, le quintal, quatre fols. ——— ℒ — ß 4 ℔ —
Coquo, le quintal brut, quinze fols. ————————— ℒ — ß 15 ℔ —
Cordes de jonc, le quintal, voyés cordes à moureaux, cinq
      fols. ——————————————————————— ℒ — ß 5 ℔ —

Cordes de Raquêtes, le quintal, deux livres. ————————£ 2 ß — ₰ —
Cornes, le quintal, un fol. ————————————£ — ß 1 ₰ —
Cornes propres à faire manches de couteaux , le quintal,
    trois fols. ————————————————£ — ß 3 ₰ —
Creme de Tartre, le quintal, dix fols. ——————£ — ß 10 ₰ —
Coste de Soye, le quintal, voyés Capiton , fix livres. ——£ 6 ß — ₰ —
Cuirs de Cheval, la piece, deux fols. ——————£ — ß 2 ₰ —

D

DAilles ou Faux êtrangers, le Baril de 112. une livre dix-
sept sols. ——————————————— £ 1 ß17 ₰—
Dailles de France, une livre cinq sols neuf deniers. ——— £ 1 ß 5 ₰ 9
Damas Caffard, la piece, vingt-cinq sols. ————— £ 1 ß 5 ₰
Damas de Laine, comme Ligature, la piece simple, sept sols
six deniers. ——————————————— £—ß 7 ₰ 6
Dantelles de fil du Puy, la livre, six sols. ————— £—ß 6 ₰—
Dantelles de Prajellas, la livre, trois sols.——— £—ß 3 ₰—
Draps de Dieppe, comme Drap du Seau, le quintal, quatre
livres dix sols. ——————————— £ 4 ß10 ₰—

E

EAu de Romarin, le quintal, comme Eau de fleurs d'O-
range, une livre sept sols. ——————— £ 1 ß 7 ₰—
Eau forte, le quintal, quinze sols. ————— £—ß15 ₰—
Escailles de Tortuës ouvrées, le quintal, deux livres. ——— £ 2 ß—₰—
Escailles, dit brut, vingt sols. ————— £ 1 ß—₰—
Escorces de Grenades, le quintal, six sols trois deniers. ——— £—ß 6 ₰ 3
Escorces d'Oranges seches, le quintal, douze sols. ——— £—ß12 ₰—
Espingles d'Orleans, le quintal, vingt-sept sols. ——— £ 1 ß 7 ₰—
Essence ou esprit de Souffre, voyés Huile de Romarin, quatre
livres dix sols. ——————————— £ 4 ß10 ₰—
Estamine avec Soye la piece de 10.aulnes, sept sols six deniers. £—ß 7 ₰ 6
Estain en grille d'Allemagne, comme Estain en Saumon, le
quintal, vingt-cinq sols. ——————— £ 1 ß 5 ₰—

F

FErrandine de France, la livre, trois fols. ————————— ℒ—ß 3 δ—

Ferrandine rayée d'or & d'argent, la livre, huit fols. —ℒ—ß 8 δ—

Ferrandine étrangere, la livre, fix fols. ————————— ℒ—ß 6 δ—

Feüilles de fer noir, le cent en nombre, cinq fols. ———— ℒ—ß 5 δ—

F l de lin, crud étranger, le quintal, une livre quinze fols.—ℒ 1 ß 15 δ—

Fil blanc d'Allemagne, & de Lorraine, le quintal, trois livres. ℒ 3 ß—δ—

Figure de Plaftre, le quintal, dix fols. ————————— ℒ—ß 10 δ—

Fleurs de Souffre, le quintal, une livre fept fols quatre deniers. ℒ 1 ß 7 δ 4

Fleuret teint en France, ayant payé crud, la livre, deux fols

    fix deniers. ———————————————— ℒ—ß 2 δ 6

Fonte de fer, le quintal, trois fols. ————————— ℒ—ß 3 δ—

Frange de fil, la livre, fix fols. ————————— ℒ—ß 6 δ—

Froc de Roüen, le quintal, deux livres. ————————— ℒ 2 ß—δ—

Fuftaine de Montpelier, la Balle, quatre livres. ———— ℒ 4 ß—δ—

    Et la piece, quatre fols. ————————— ℒ—ß 4 δ—

G

GAns en broderie d'or fin, la paire, fept fols fix deniers. ℒ—ß 7 δ 6

Gans à paffement d'or & d'argent, la paire, trois fols

    neuf deniers. ———————————————— ℒ—ß 3 δ 9

Gans de Grenoble, la douzaine, un fol fix deniers. ———— ℒ—ß 1 δ 6

Gans à la mode, la douzaine, fept fols fix deniers. ———— ℒ—ß 7 δ 6

Gans de Dains, la douzaine, douze fols. ————————— ℒ—ß 12 δ—

Gans de fil, la douzaine, fix fols. ————————— ℒ—ß 6 δ—

Gans de Cotton, la douzaine, fix fols. ————————— ℒ—ß 6 δ—

Gans de Chamois, la douzaine, dix fols. ————————— ℒ—ß 10 δ—

Gans d'Avignon, & Provence, la douzaine, quatre fols. —ℒ—ß 4 δ—

Glaces de Miroir, Manufactures de France, le quintal brut,

    une livre feize fols huit deniers ———————————— ℒ 1 ß 16 δ 8

Glans de fil de Paris, la livre, dix fols. ———————— ℒ—ß 10 δ—

Gomme amée , le quintal , deux livres. ——————————— £ 2 ß—ẞ—
Graine Dalquelmais , voyés Graine d'Efcarlatte de France , le
    quintal , fix livres cinq fols. ——————————— £ 6 ß 5 ẞ—

H

HErbe de Thé , la livre , trois fols. ——————————— £— ß 3 ẞ—
Herbe de Capilaire , le quintal , quinze fols. ————— £— ß 15 ẞ—
Herbe de Gaude de païs , le quintal , deux fols. ———— £— ß 2 ẞ—
Herbe de Pitaud , le quintal , quatre fols quatre deniers. —£— ß 4 ẞ 4
Hobelon , le quintal , trois fols. ———————————— £— ß 3 ẞ—
Hoatte de foye , la livre , cinq fols. ———————————£— ß 5 ẞ—
Huile de Lavande , le quintal , comme effence de Romarin ,
    quatre livres dix fols. ——————————————— £ 4 ß 10 ẞ—
Huile de Noix êtranger , le quintal , dix fols. ————— £— ß 10 ẞ—
Huile de Therebentine , le quintal , trente fols. ———— £ 1 ß 10 ẞ—

I

IArgons du Puy, Fragmats d'Hyacinthes, ou Rubis, le quintal, trois livres.————————ℓ 3 ß—ℊ—
Jaspe brut, le quintal, comme le M rbre, sept sols. ———ℓ—ß 7 ℊ—
Jayet taillé, le quintal, quarante sols. ————ℓ 2 ß—ℊ—
Jonquines, le quintal, cinq sols. ——————ℓ—ß 5 ℊ—

L

LAcque platte de Provence, le quintal, trois livres deux sols six deniers. ——————ℓ 3 ß 2 ℊ 6
Laine de Vigogne, le quintal, deux livres quinze sols. —ℓ 2 ß15ℊ—
Laine filée de païs, le quintal, une livre dix sols. ——ℓ 1 ß10ℊ—
Laine Pelade étrangere, le quintal, quatorze sols quatre deniers. ————————ℓ—ß14ℊ 4
Lupin, le quintal, sept sols six deniers.————ℓ—ß 7 ℊ 6
Limaille de Lotton de païs, voyés Limaille de Cuivre, le quintal, huit sols. ————————ℓ—ß 8 ℊ—

M

MArſoüin, le quintal, dix ſols. ————————— £—ß 10 ₰—
Marbre en table, le quintal, quinze ſols. ————— £—ß 15 ₰—
Marbre relevé, le quintal, trente ſols. ————— £ 1 ß 10 ₰—
Marbre brut, le quintal, ſept ſols. ————— £—ß 7 ₰—
Melace, ou Cirop noir, le quintal, dix ſols. ——— £—ß 10 ₰—
Mine de Cuivre, le quintal, quatre ſols. ——— £—ß 4 ₰—
Monſtre d'Horloge, comme la piece d'Horloge, dix ſols.—£—ß 10 ₰—
Mouſeline de cotton, comme toille de cotton, la piece de dix
  aulnes, ſix ſols. ————————— £—ß 6 ₰—
Mouheres d'argent & ſoye, la livre, trente ſols. ——— £ 1 ß 10 ₰—
Moulin à poivre, la piece, trois ſols. ——— £—ß 3 ₰—
Moulin de bois à poivre, la piece, un ſol. ——— £—ß 1 ₰—
Mouſquets d'Allemagne, la balle, trente ſols. ——— £ 1 ß 10 ₰—
Muſq en veſſie, la livre, ſix livres. ——————— £ 6 ß—₰—

N

NOir pour les Peintres, le quintal, trois ſols ſix deniers. £—ß 3 ₰ 6
Noix de Ciprez, le quintal, dix ſols. ——————— £—ß 10 ₰—

O

OCuli Cancry, le quintal, une livre cinq fols. ———————— ℒ 1 ß 5 ℥ —
Oignons de Saffran, le quintal, fept fols fix deniers. —ℒ—ß 7 ℥ 6
Oranges, la charge, deux fols. ——————————ℒ—ß 2 ℥
Ouvrages de fer étranger, le quintal, huit fols. ———ℒ—ß 8 ℥—

P

PApier fin d'Italie, la balle, unze fols. ——————ℒ—ß 11 ℥—
Parchemin vieil, le quintal, trois fols. ————ℒ—ß 3 ℥—
Peaux de Veaux d'Angleterre, la douzaine, quinze fols.—ℒ—ß 15 ℥—
Peaux de Veaux habillées en Buffle, la piece, dix fols. —ℒ—ß 10 ℥—
Peaux de Chamois cruës, la piece, un fol. ——————ℒ—ß 1 ℥ —
Peaux de Chagrin, la piece, deux fols. —————ℒ—ß 2 ℥—
Peaux de Chevreüils en poil, la piece, un fol fix deniers.——ℒ—ß 1 ℥ 6
Peaux de Mouton en tripe, le quintal, fix fols. ———ℒ—ß 6 ℥—
Peaux d'Elan crües, la piece, cinq fols. ———ℒ—ß 5 ℥—
Peaux blanches étrangeres, le quintal, douze fols. ———ℒ—ß 12 ℥—
Peaux de Chien en blanc, le quintal, quarante fols. ———ℒ 2 ß— ℥—
    Et la douzaine, deux fols. ———————ℒ—ß 2 ℥—
Peaux de Chamois habillés, voyés Chamois habillés en blanc,
    & la douzaine, dix-huit fols fix deniers. ———ℒ—ß 18 ℥ 6
Peaux de Veaux habillées à Annonay, la douzaine, dix fols.ℒ—ß 10 ℥—
Peaux de Vaches habillées à Annonay, la piece, quatre fols.ℒ—ß 4 ℥—
Peaux de Cerf habillés, la piece, dix fols. ——————ℒ—ß 10 ℥—
Peaux de Loup Marin, la piece, deux fols. ———ℒ—ß 2 ℥—
Peaux d'Orinau, la piece, cinq fols. ——————ℒ—ß 5 ℥—
Peaux en jambes étrangers, le quintal, quinze fols. ———ℒ—ß 15 ℥—
Peaux de Lapin étrangers, le quintal, une livre cinq fols.ℒ 1 ß 5 ℥—

Peaux de Lapin de païs, le quintal, douze fols fix deniers. — £ — ß 12 ß 6
Pelleterie commune, le quintal, trois livres. — £ 3 ß — ß —
Petenuche filée, la bale, quarante-cinq fols. — £ 2 ß 5 ß —
Pierre d'Agattes ouvrée, la livre, dix fols. — £ — ß 10 ß —
Pierre noire, le quintal, trois fols. — £ — ß 3 ß —
Pierre de Rochon, le quintal, un fol fix deniers. — £ — ß 1 ß 6
Pippes à Tabac, le quintal, dix fols. — £ — ß 10 ß —
Plomb en dragée, le quintal, neuf fols. — £ — ß 9 ß —
Plomb de Mer, le quintal, unze fols. — £ — ß 11 ß —
Plumes d'Auftruche, la livre, fix fols. — £ — ß 6 ß —
Plumes d'Auftruche apprêtées, voyés Aigrettes, la livre, neuf
    fols fix deniers. — £ — ß 9 ß 6
Poil ou Cheveux, la livre, cinq fols. — £ — ß 5 ß —
Poil de Chameaux, le quintal, huit fols. — £ — ß 8 ß —
Poil de Lapin étranger, le quintal, cinquante fols — £ 2 ß 10 ß —
Poil de Lapin de païs, le quintal, vingt-cinq fols. — £ 1 ß 5 ß —
Poil de Caftor, la livre, cinq fols. — £ — ß 5 ß —
Poil de Chevre filé, le quintal, fix livres treize fols quatre
    deniers. — £ 6 ß 13 ß 4
Poil de Porc de païs non ouvré, le quintal, dix fols. — £ — ß 10 ß —
Points-coupés de Forefts, la livre, feize fols. — £ — ß 16 ß —
Poix blanche de Bourgongne, le quintal, neuf fols. — £ — ß 9 ß —
Pommade de Jafmin, & autres fenteurs, le quintal, quatre
    livres dix fols. — £ 4 ß 10 ß —
Poux de foye de Tours, la livre, fix fols. — £ — ß 6 ß —

Q

QUinquina, la livre, trois fols. ————————————————£—ß 3 ß—

R

RAcines de Brionias, le quintal, douze fols. ————————£—ß12 ß—
Ratines d'Hollande, & Sedan, la piece de vingt aulnes,
trois livres. ——————————————————————£ 3 ß— ß—
Robes de Chambres de Taffetas, avec or & argent, la piece,
deux livres. ——————————————————————£ 2 ß— ß—
Robes de Chambres d'Indienne, la piece, vingt fols. ————£ 1 ß— ß—
Robes de Taffetas, la piece, trente fols.——————————£ 1 ß10 ß—
Rocou, le quintal, trente fols.——————————————£ 1 ß10 ß—
Rodon ou herbe du pré, le quintal, quatre fols quatre de-
niers.———————————————————————————£—ß 4 ß 4
Roffoly, le quintal, feize fols. ——————————————£—ß16 ß—
Rouge brun d'Angleterre, le quintal, dix fols. ——————£—ß10 ß—
Roucquaille, le quintal, trente fols.————————————£ 1 ß10 ß—
Rongneures de Cartes, le quintal, deux fols. ——————£—ß 2 ß—
Rubans à la digue, la livre, vingt-quatre fols. ——————£ 1 ß 4 ß—

Sang

S

SAng de Bouq, le quintal, dix fols. ——————————— £—ß10ß—
Sanguine ou Rouge d'Angleterre, le quintal, dix fols. —£—ß10ß—
Sarges de païs, la piece, trois fols. ———————————— £—ß 3 ß—
Sarges de Londres, la piece, vingt fols. ——————————£ 1 ß—ß—
Sarges Barracanées, la piece, dix fols.————————————£—ß10ß—
Sarges, & Bayette de Beauvais, le quintal, trente-huit fols.£ 1 ß18 ß—
Sarges de Limeſtre & Diepe, le quintal, trois livres. ——£ 3 ß—ß—
Sarges de Troye, le quintal, deux livres. ————————£ 2 ß—ß—
Sarges d'Eſpagne, la piece, trois livres. ——————————£ 3 ß—ß—
Sarges de Châlon, la piece, quinze fols. —————————£—ß15ß—
Sarges de Châtillon, le quintal, deux livres. ——————£ 2 ß—ß—
Sarges de Londre, couleur de feu, la piece de vingt aulnes,
 vingt-cinq fols.————————————————————£ 1 ß 5 ß—
Sargettes de Chartres, le quintal, cinquante-cinq fols.——£ 2 ß15ß—
Savonnettes de Boulogne, le quintal, comme Mercerie d'Ita-
 lie, ſept livres. ——————————————————£ 7 ß—ß—
Sel Tamaris, le quintal, vingt-cinq fols. ——————————£ 1 ß 5 ß—
Sel Nitre, le quintal, unze fols. ——————————————£—ß11ß—
Semence de Perles, l'once, dix fols. ——————————£—ß10ß—
Sermontant, le quintal, neuf fols.—————————————£—ß 9 ß—
Sociſſons de Boulogne, le quintal, deux livres. ——————£ 1 ß—ß—
Sorbecq, le quintal, cinq livres.————————————————£ 5 ß—ß—
Soudure d'Eſtain, le quintal, neuf fols. ————————————£—ß 9 ß—
Soyes à Cordonniers, voyés Mercerie d'Allemagne. ————
Squille, le quintal, quatre fols.———————————————£—ß 4 ß—
Straſſe de foye, voyés Bourre de foye, le quintal, trois livres.£ 3 ß—ß—

T

TAbernacles de bois peints & dorés, la piece, sept livres. £ 7 ß — ∂ —
Tabernacles de bois non dorés, la piece, trois liv e — £ 3 ß — ∂ —
Taques, Fontes de fer, le quintal, quatre sols. — £ — ß 4 ∂ —
Taffetas ciré, la livre, six sols. — £ — ß 6 ∂ —
Taffetas à feüillage d'or de France, la livre, vingt sols. — £ 1 ß — ∂ —
Tafferas de France, rayé d'argent, la livre, quinze sols — £ — ß 15 ∂ —
Tapis Indienne, la piece, cinq sols. — £ — ß 5 ∂ —
Tayolle ou ceinture de fil, la douzaine, six sols. — £ — ß 6 ∂ —
Terre verte de Veronne ou Cypre, le quintal, dix sols. — £ — ß 10 ∂ —
Terre verte commune, le quintal, trois sols. — £ — ß 3 ∂ —
Terre verte de mine, le quintal, trois sols. — £ — ß 3 ∂ —
Terre d'ombre, le quintal, dix sols. — £ — ß 10 ∂ —
Toilles de Laval blanchies à Troyes, la piece, trois sol. — £ — ß 3 ∂ —
Toilles de cotton, la piece, de 9. à 10. aulnes, six sols. — £ — ß 6 ∂ —
Toilles barrées de Lorraine, la piece, sept sols six deniers. — £ — ß 7 ∂ 6
Toilles de Bretagne, la piece, deux sols. — £ — ß 2 ∂ —
Toilles de Picardie, Beauvais, & Quintins, tirans six aulnes
    ou environ, la piece, quatre sols. — £ — ß 4 ∂ —
Toilles de Courtrey, la piece de quinze à seize aulnes, seize
    sols. — £ — ß 16 ∂ —
Toilles Indiennes, la piece de cinq aulnes, cinq sols. — £ — ß 5 ∂ —
Toilles mitres, la piece de cinq aulnes, comme cott nine,
    deux sols six deniers. — £ — ß 2 ∂ 6
Toilles barrées de Monbeillard, la piece, huit sols. — £ — ß 8 ∂ —
Toilles cirées, le quintal, deux livres. — £ 2 ß — ∂ —
Tovore de fer, le quintal, quatre sols. — £ — ß 4 ∂ —
Trace de Prajelas, la livre, un sol six deniers. — £ — ß 1 ∂ 6

V

Vaisselle façon de Fayence de France, le quintal,
quinze sols. ——————————————— ℓ—ß 15 ß—
Vans d'osier, la douzaine, un sol. ——————— ℓ—ß 1 ß—
Verres à moulon, le quintal, un sol six deniers. ——— ℓ—ß 1 ß 6
Verres de Cristal de Lonchamps, Barsuraubes, & Nevers,
le quintal, quatre livres. ———————— ℓ 4 ß—ß—
Vieux fer, le quintal, deux sols. ——————— ℓ—ß 2 ß—
Vieux Parchemin, le quintal, trois sols. ———— ℓ—ß 3 ß—

X

Y

Z Ain, le quintal, vingt-cinq sols. ———— 1 ß 5 ₴ —